図解でよくわかる

新聞・テレビではわからない
国際情勢、世界の歴史、グローバリズムがすっきり見えてくる

地政学のきほん

監修 荒巻豊志

はじめに

　最近、「地政学」という言葉が流行っています。耳馴れない言葉の響きがかっこよさそうな雰囲気であることが受けているのでしょうか。

　この本は地政学の本ではありません。地政学に踏みこむ前に、地政学って何？　ということをつかむための第一歩の本です。歴史に興味のある中学生や高校生にも読んでもらえる超初歩的な内容になっています。

　地政学って何だろう？　と思いインターネットで検索して辞書的な意味を知っても釈然としないでしょう。

　実はそんなに難しいことではありません。地政学とは、自らの（自らの属する共同体の）行動の指針となるように、世の中を立体的に、そして多角的にとらえていこうとする営みのことだと思ってください。

　立体的にとらえていくというのは、陸（land）のみならず海（sea）、そして空（sky）、さらには宇宙（space）、はたまた地下（underground 資源の多くは地下に眠っている）、もちろん水中も含め、さまざまな観点から世の中を見ていくことです。

世界は観点を変えることでさまざまな見え方をします。まずそれを自覚することが固定観念を取り払い、直感を鍛えていくことにつながります。

　何だかあたりまえのことをいっているようですが、最近、地政学という言葉がことさらに強調されているのは、むしろ世界を包括的にとらえようという姿勢がこの現代社会のなかで見失われているからではないでしょうか。

　哲学者のディルタイは「歴史は理解（了解）の学である」といいました。さまざまな事象を関連させて統一的な意味を見出していくことが大事なのであって、地政学という言葉はどうでもいいのです。

　この本がぼくら人間がつくってきた、そしてつくっているこの社会を理解するための小さな第一歩になってくれれば嬉しい限りです。

　では、気軽に、でもしっかりと読み進めていってください。

荒 巻 豊 志

もくじ

2 はじめに

9 [第1章] 大陸国家になれなかった日本

10 島国日本 大陸進出の野望

12 ロシアの圧力と蝦夷地の探検

14 日本の朝鮮進出と日清戦争

16 日本の朝鮮進出と日露戦争

18 列強を警戒させた日本の大陸経営

20 中国とソ連の脅威と満州事変

22 満洲を守るための中国との戦争

24 海洋国家日本の起源となる海上貿易

26 明治政府の南方進出政策

28 第一次世界大戦と日米対立の顕在化

30 東南アジア進出と日米戦争

32 島国となった日本と周辺国との領土問題

34 【column】地政学の基礎知識 **日本の領海**

35 ［第2章］海洋国家になれなかった中国

36　中国王朝と遊牧民との抗争の歴史

38　ユーラシア帝国としての元

40　元の後継国 明・清

42　海へ向かおうとした大陸国家中国

44　列強に分割された苦難の近代中国

46　ナショナリズムの高揚と中華人民共和国の成立

48　【column】地政学の基礎知識　マッキンダーのハートランド理論

49 ［第3章］大陸から海を目指すロシア

50　ハートランドを支配するロシア

52　エカチェリーナ2世の領土拡大政策

54　クリミア戦争の敗北とアジアへの進出

56　列強に阻まれるバルカン半島進出

58　東アジア進出の野望と日露戦争の敗北

60　ロシア帝国の後継としてのソ連

62　【column】地政学の基礎知識　地政学用語❶

05

63 ［第4章］ 大陸国家かつ海洋国家アメリカ

64 大陸国家アメリカ合衆国

66 フロンティアの消滅と海外進出

68 アメリカ合衆国とラテンアメリカ諸国

70 アメリカ合衆国のアジア進出

72 太平洋戦争へ向かう日本との対立

74 アメリカ合衆国とヨーロッパ

76 【column】地政学の基礎知識 **地政学用語❷**

77 ［第5章］ 海洋国家イギリス

78 大陸国家から海洋国家へ

80 第一次大英帝国の繁栄と衰退

82 産業革命の成功と植民地の拡大

84 ロシアとの対立から和解への道程

86 世界大戦へ向かったドイツとの対立

88 独立する植民地と大英帝国の解体

90 【column】地政学の基礎知識 **世界のチョークポイント**

91 [第6章] 大陸で覇を競うヨーロッパ諸国

92 主権国家体制の成立

94 ブルボン朝の繁栄と衰退

96 ナポレオンの夢と挫折

98 ドイツの登場で分裂するヨーロッパ

100 バルカンはヨーロッパの火薬庫

102 第一次世界大戦とヨーロッパの没落

104 ヴェルサイユ体制とヒトラーの登場

106 第二次世界大戦とヨーロッパの分割

108 【column】地政学の基礎知識　マハンのシーパワー理論

109 [第7章] 現代世界

110 冷戦の時代①　終戦から1950年代初頭

112 冷戦の時代②　1950年代 第三勢力の台頭

114 冷戦の時代③　1960年代からソ連崩壊まで

116 ポスト冷戦から現在へ

118 戦後の中国①　南シナ海への進出

120 戦後の中国②　強引な拡大政策

122	戦後の中国③ 少数民族問題
124	ソ連の解体とその後継としてのロシア
126	ヨーロッパの統合と拡大
128	パレスチナ問題① イスラエルの建国
130	パレスチナ問題② ゲリラ活動の激化
132	イラン・イラク戦争から湾岸戦争まで
134	混乱の続くアフガニスタン
136	21世紀の戦争 テロの脅威
138	東南アジア① 独立運動
140	東南アジア② ベトナム戦争
142	東南アジア③ 進化する経済統合
144	インドの独立とパキスタンの誕生
146	アフリカ諸国の独立
148	【column】地政学の基礎知識 **ハウスホーファーのパン・リージョン理論**

149 ［付録］世界地図の見方

150	地図の種類と選び方
154	中心点を変えて世界を見てみよう
156	大陸から見た日本

| 158 | 参考文献 |

第1章

大陸国家になれなかった日本

島国日本
大陸進出の野望

日本列島はおよそ1万年前に氷河が溶けることでユーラシア大陸から切り離されます。現在は陸を通じて隣接する国のない島国ですが、明治から昭和初期にかけての日本は、アジアに進出してくる欧米の列強国と肩を並べるため大陸へ進出して領土を拡大、島国ではなくなっていました。それ以前も日本は古代からたびたび、大陸への進出を試みていたのです。

朝鮮半島の争いに介入

中国吉林省に現存する広開土王碑には、4世紀後半に日本が朝鮮半島南部へ進出したことが記されており、古墳時代の日本はすでに大陸への進出を図っていたことがうかがえます。663年唐・新羅軍に攻められた百済から援軍を求められた日本は、朝鮮半島の白村江に軍を送りこみ、百済軍と唐・新羅軍の戦いに参戦しました。この白村江の戦いで百済・日本軍は大敗し百済は滅亡します。大陸進出の足がかりを失った日本は、その後しばらくの間、国を挙げて朝鮮半島に進出することはなくなりました。

失敗に終わった太閤秀吉の朝鮮出兵

16世紀末になると、国内で天下統一を成し遂げた豊臣秀吉が明の征服にのりだします。秀吉は、当時朝鮮半島を支配していた李氏朝鮮に服属を命じますが、明の属国であることを理由に李氏朝鮮がこれを拒否すると、朝鮮半島に遠征軍を差し向けました。これが日本と明・李氏朝鮮との間に起きた文禄・慶長の役と呼ばれる戦いの始まりです。当初、鉄砲など武器の威力を発揮し破竹の勢いで進撃した諸大名の軍勢ですが、明から援軍が到着すると戦線は膠着状態となりました。秀吉の病死により諸大名の統制を失った日本軍は撤退を余儀なくされ、大陸への進出という目的を果たせず終わります。

▼ 白村江の戦い

白村江での敗戦

高句麗、新羅、百済がにらみ合う朝鮮半島三国時代末期、新羅軍を従えた唐に攻められた百済は、日本に援軍を求めます。これを受けて日本は兵を挙げますが、白村江で唐・新羅軍に大敗。朝鮮半島は新羅によって統一されることとなりました。敗戦後、日本は唐・新羅軍の侵攻を恐れ、太宰府に水城を築くなど、防衛対策を強化します。

▼ 文禄の役での進路

秀吉の朝鮮出兵

豊臣秀吉は朝鮮出兵に際し、肥前（現在の佐賀県）に名護屋城を築き、本営としました。日本軍は名護屋を出発し、壱岐、対馬を経て釜山に上陸。文禄の役では都の漢城を落とし、さらに一番隊は平壌へ、二番隊は咸鏡道まで進みます。再び出兵した慶長の役では明・朝鮮軍の激しい抵抗にあい、進撃の範囲は朝鮮半島南部に留まりました。

※1 **広開土王碑**：広開土王（好太王）は391〜412年にかけて在位した高句麗第19代の王。広開土王碑は、王没後の414年に建立された。碑文に倭（日本）と高句麗が交戦したことが記載されている。

ロシアの圧力と
蝦夷地の探検

　江戸時代、日本は外国との通商などを制限する鎖国政策をとっていました。しかし18世紀末以降、ロシアやイギリスをはじめとするヨーロッパ列強の船が日本周辺に現れ、通商を迫るようになります。とりわけ、ロシアはシベリアを東進して日本海や太平洋に達し、日本と隣り合うようになっていたため、幕府にとって大きな脅威となりました。

ロシアからの接触

　幕府は蝦夷地周辺（今の北海道や樺太・千島列島）にロシア人が現れ出したため、1785、86年の二度にわたって調査団を蝦夷地に送りました。その結果、幕府はロシアとの通商に否定的な結論に達したものの、ロシア側はかまわず通商を求めます。1792年には漂流しロシアに保護されていた大黒屋光太夫の送還も兼ね、ラクスマン[※1]が使節として根室に来航しましたが、幕府は長崎への入港許可のみを与えるに留まりました。こうしたロシアの行動に危機感を抱いた幕府は中断していた蝦夷地の調査を1798年大々的に再開、国後・択捉両島への上陸や高田屋嘉兵衛の択捉航路開拓などの成果を得ます。

高まる緊張で増す蝦夷地の重要性

　1804年再度ロシア使節団が長崎に来航しますが、幕府は通商を拒否。憤慨したロシアは、樺太や択捉で報復行動に出ます。1807年緊張の高まりを受けて、幕府は樺太・国後・択捉を含む全蝦夷地を直轄領としました。また詳細な地誌（地形や気候などさまざまな情報）を得るために間宮林蔵らに樺太を探検させ、樺太が島であることが世界で初めて確認されます。その後、ロシアとは互いに船を拿捕し合うなどの事件も起きましたが、大事に至ることなく1855年日露和親条約[※2]で国境が画定されました。

12

▼ 18世紀末以降の外国船の来航

❶	1792年	ロシア使節ラクスマンが幕府に通商を求める
❷	1804年	ロシア使節レザノフが幕府に通商を求める
❸	1808年	イギリス軍艦フェートン号が長崎港に侵入
❹	1811年	ロシア軍艦艦長ゴローニンが松前藩に捕らえられる
❺	1824年	イギリスの捕鯨船員12人が水と食料を求めて上陸
❻	1837年	アメリカ商船モリソン号が日本から砲撃される

※1 **ラクスマン**：ロシア海軍の軍人。エカチェリーナ2世（→P52）の命で大黒屋光太夫を伴って根室に来航した。
※2 **日露和親条約**：日露間で結ばれた最初の条約。千島列島は択捉島とウルップ島の間を日露の境界とし、樺太は両国民雑居の地とした。この条文の解釈をめぐっては、現在も日露間で対立が続いている。

第1章 大陸国家になれなかった日本 | 13

日本の朝鮮進出と日清戦争

欧米列強が世界を分割し植民地とした19世紀、列強に追いつこうと近代化を始め、独立を維持しようとする日本にとって、すぐ隣にある朝鮮半島を治める勢力との関係は重要な問題のひとつでした。自国に有利な政権を朝鮮半島に築こうと介入を強める日本の動きは、同じ関心を持つ中国（清）との対立を引き起こすこととなります。

朝鮮半島への影響力の強化

当時の朝鮮半島を支配していた李朝は、清の冊封を受けた属国で、宗主国の清以外とのつきあいを拒んでいました。しかし、朝鮮沿岸で日本の軍艦が攻撃を受けた江華島事件を機に、日本は李朝に開国を強要し、1876年不平等条約である日朝修好条規が結ばれます。

以降、朝鮮では親日派 vs 親清派ともいうべき派閥間で政争が起き、1882年の壬午事変と、親日派によるクーデターが失敗に終わった1884年の甲申事変を経て、日本は半島での影響力を大きく失いました。

日清戦争の勃発

1894年長い政情不安や悪政による困窮から、朝鮮南部で農民蜂起（甲午農民戦争）が起きます。朝鮮に反乱鎮圧の援軍を頼まれた清が軍隊を送ると、日本も対抗して在留邦人保護の名目で出兵しました。反乱が収まっても日清両国の軍隊は朝鮮半島に駐留しにらみ合いを続けた結果、同年日清戦争へと発展します。明治維新による近代化を進めていて軍備が増強されていた日本は、陸の戦いでも海の戦いでも勝利。1895年下関条約が締結され、日本は清から遼東半島、台湾、膨湖諸島と賠償金2億両（現在の約3億円）を獲得し、さらに朝鮮の独立を認めさせました。

▼ 日清戦争の進軍

※1 **冊封**：歴代の中国王朝が周辺諸国の首長に王位を与えること。君臣関係が形式的か実質的かは当時の状況による。
※2 **壬午事変**：1882年当時の閔氏政権に反発した軍人が起こした反乱。日本公使館焼打ちに発展したが、失敗に終わった。
※3 **甲午農民戦争**：朝鮮の新興宗教である東学の信徒が主導した農民の反乱。

| 第1章 大陸国家になれなかった日本 | 15

日本の朝鮮進出と日露戦争

日清戦争に勝利した日本が清と結んだ講和条約のなかには、遼東半島の日本への割譲がありました。この項目が中国進出をも目論むロシアを刺激、ロシアは遼東半島を清へ返還することを要求します。列強の要求を拒否する力がなく、受け入れるしかなかった日本は、大陸に進出するにはロシアの影響力を排除しなければならないことを確信したのです。

清をめぐって深まるロシアとの対立

眠れる獅子と一目置かれていた清ですが、日清戦争で日本に敗れたことでヨーロッパ列強の清への進出が勢いづき、清の領土は各国の勢力に分割されていきました。これに反感を抱いた清の民衆は不満を募らせ、1900年義和団事件（北清事変）となって爆発します。扶清滅洋[※1]をスローガンに掲げた蜂起軍は一時、首都北京まで達しましたが、日本とロシアを主力とする八ヵ国連合軍[※2]により鎮圧されました。しかし、鎮圧後もロシアは満州に軍を駐留させ続け、ロシアが朝鮮へ南下してくることを恐れる日本との緊張が高まります。

大陸進出の最大の障壁を破った日露戦争

単独では対抗できない強大なロシアに対し、日本は1902年ユーラシア各地でロシアの南下政策と対峙していたイギリスと日英同盟を締結しました。強力な後ろ盾を得て、ついにロシアに宣戦布告して日露戦争となり、結果は日本の辛勝に終わります。

辛勝とはいえ、ロシアへの勝利は日本の威信を高め、朝鮮半島支配を確固たるものにしました。さらに1905年ポーツマス条約で、南満州の権益も確保することになります。こうして大陸国家日本の第一歩が確実に踏み出されたのです。

▼ 朝鮮半島に向かう日本とロシア

ポーツマス条約の主な内容

1. 朝鮮半島における日本の政治、軍事、経済的優越権を認める
2. ロシアは遼東半島の租借権を日本に譲渡する
3. ロシアは長春以南の南満洲支線（南満洲鉄道）に関する諸権利を日本に譲渡する
4. ロシアは樺太の北緯50度以南の領土を日本に譲渡する
5. ロシアは沿海州における漁業権を日本に与える

※1 **扶清滅洋**：「清朝を助けて西洋を滅ぼす」という意味。
※2 **八ヵ国連合軍**：八ヵ国とは日本、ロシア、イギリス、フランス、アメリカ、ドイツ、オーストリア＝ハンガリー帝国、イタリア。

| 第1章 大陸国家になれなかった日本 | 17

列強を警戒させた
日本の大陸経営

　日露戦争に勝利した日本はその後、本格的な大陸経営に乗り出していきます。ロシアから得た満洲南部に半官半民の国策会社を設立、朝鮮半島の保護国化と日清日露の両戦争で得た権益の維持拡大に努めました。そして主戦場となったヨーロッパを没落させた第一次世界大戦の裏側でも、さらなる権益の拡大を図ります。

満洲への進出と韓国の併合

　日露戦争中から戦後の1907年にかけ、日本は大韓帝国（1897年李氏朝鮮が改称）と三度協約を結び、財政・外交への介入、保護国化、日本による内政の管理と、段階を踏んで朝鮮半島の支配を確立します。その後1909年に起きた伊藤博文首相暗殺事件がきっかけとなり、1910年日韓併合条約を締結して韓国を併合しました。満洲では南満洲鉄道株式会社が設立され、鉄道運営に留まらず、沿線の土地で行政も行うなど、満洲経営の中心となっていきます。

列強の警戒を呼ぶ対華二十一ヵ条要求とシベリア出兵

　1914年第一次世界大戦が起きると、日本は日英同盟を理由に参戦してドイツ領の山東半島（青島）を占領します。また中華民国[※1]には、ドイツが持っていた権益を日本が受け継げるよう対華二十一ヵ条要求を行い、大陸での権益を確かなものにしました。

　さらに大戦後、ロシア革命への干渉戦争が起きると、日本も参加しシベリアに出兵します。シベリア出兵の意図には、ロシアで起きた革命の影響が満洲や日本国内に及ぶのを防ぐ目的とともに、この機に乗じて勢力圏を拡大しようという日本の野心も見え隠れしたため、列強の警戒心を強めさせることになりました。

▼ 大陸における日本の領土拡大

対華二十一ヵ条要求

第一次世界大戦中の1915年日本は中華民国政府に二十一ヵ条の要求を突きつけます。第一号から第四号まで（十四ヵ条）の内容は、山東省のドイツ権益を日本が継承することを認めること、旅順、大連の租借期限の延長、日本人の土地所有権を認めることなどでしたが、第五号（七ヵ条）は中国政府の政治、軍事の顧問に日本人を招聘するというものでした。欧米列強は第一号から第四号までは容認しましたが、アメリカとイギリスが第五号の取り下げを要求します。日本は第五号を取り下げ、中華民国政府は第一号から第四号を受け入れましたが、このことは中国の民衆の根深い反日感情を巻き起こすこととなりました。

※1 **中華民国**：1912年辛亥革命によって清朝が倒れ、中華民国が成立した。

中国とソ連の脅威と満洲事変

満洲という地域は日本にとってとても重要なものとされ、昭和初期には「満蒙は日本の生命線」というスローガンが唱えられていました。これは満洲や内モンゴルは経済面から見ても安全保障面から見ても日本の存亡がかかった地域という意味で、この生命線を守るため、日本は国際社会からの孤立を招く満洲事変を起こし、満洲国をつくります。

中国統一の気運と新勢力ソ連の影響

清滅亡後の中国では、地方に軍閥が割拠しており中華民国は形骸化、さらに日清戦争後からの植民地状態というなかで、国内統一と外国勢力の排除へ向けた動きが生まれてきます。特に民衆の間では、外国勢力の象徴として日本への反感が高まって反日運動が起き、この民衆感情が国民党による統一政権の成立を後押ししました。また、ロシアから生まれ変わった社会主義国ソ連が中国に影響力を持ち始めたことにも警戒心を強めた日本は、生命線である満洲の権益を守るため軍事行動を起こします。

満洲事変の直接のきっかけとなった1931年の柳条湖事件[※1]は、満洲を支配する中国の軍閥の仕業を装った関東軍[※2]の謀略でしたが、柳条湖事件を口実に戦端を開いた日本は、数ヵ月という短期間で満洲全土を占領しました。満洲は元来、清を建国した満洲族（女真族）の土地であることから、1932年関東軍は滅びた清朝の最後の皇帝溥儀（ふぎ）を皇帝に据え、満洲国を建国します。日本政府もこれを承認し、満洲全土を満洲国という傀儡国（かいらいこく）に仕立て上げました。これに対し、中国国民党政府は国際連盟[※3]に抗議し、国際連盟はリットン調査団[※4]を派遣します。あくまで満洲国の存在を主張する日本は、調査結果を受けた国際連盟の勧告内容に納得せずに国際連盟を脱退、以降孤立の道を歩むことになりました。

▼満洲国建国

満洲国の実態

満洲国は「王道楽土」と「五族協和」をスローガンとして掲げていました。「王道楽土」とは王道によって治められる平和で理想的な国という意味で、「五族協和」の「五族」とは漢人、満洲人、モンゴル人、朝鮮人、日本人を指します。これらの民族が力を合わせて平和な国をつくろうということです。しかし、実際に政治を執り行っていたのは関東軍（日本陸軍）であり、皇帝ですら自らの権利を行使するのに関東軍の同意が必要でした。建国からわずか13年で太平洋戦争の終焉とともに満洲国は消滅します。

※1 **柳条湖事件**：日本が管理する南満洲鉄道の線路が爆破された事件。
※2 **関東軍**：満州に駐屯していた日本陸軍の組織。日露戦争後、関東州と南満州鉄道の権益を保護するために設置された関東都督府の陸軍部が独立して関東軍司令部となった。
※3 **国際連盟**：1920年に発足した国際機構。国際間の協力によって国際平和を維持することを目的としていた。
※4 **リットン調査団**：満洲事変と満洲建国について調査するために国際連盟によって結成された。

| 第1章 大陸国家になれなかった日本 | 21

満洲を守るための
中国との戦争

　満洲事変による軍事衝突が一段落した後も、満洲と中国の国境は緊張状態にありました。北京郊外で起こった事件から発展した日中戦争は1937年から8年間続く大規模なものでしたが、両国が正式な戦争としないほうが都合がよいと考え宣戦布告をしなかったため、当時の日本では支那事変と呼ばれていました。

盧溝橋事件による戦争の幕開け

　1937年北京郊外で夜間演習中の日本軍の小部隊に何者かが発砲したことで紛争が起こります（盧溝橋事件[※1]）。最初は小規模な戦闘でしたが、徐々に本格的な戦争に発展し、戦火は中国全土に拡大してついに中国の首都南京が陥落しました。しかし、中華民国を率いる国民党の蒋介石は徹底抗戦を主張。一方、日本の近衛文麿首相は、国民党政府を中国の一地方政権とみなして「国民政府を対手とせず」と声明を発表し、中国との講和交渉を打ち切ります。落としどころのないまま日本は、大陸での泥沼の戦いに身を投じることになりました。

太平洋戦争につながる日本の東南アジア進出

　第三国に中立義務が生じて軍事支援が受けられなくなることを案じる中国と、国際的孤立を避けたい日本は、両国とも宣戦布告をせず、公然と戦争とは名付けませんでした。戦闘では優勢にあった日本でしたが、外交面では中国が優位に事を進めます。中国は諸外国に日本の脅威を煽り、武器弾薬などの支援を取り付け、日本への経済制裁も引き出しました。日本は援蒋ルート[※2]を断とうとイギリス領香港、フランス領インドシナやイギリス領ビルマと東南アジアへも進出していくことになります。

▼日中戦争

1937年	盧溝橋事件
1937年	南京占領
1938年	武漢占領
1940年	インドシナ進駐

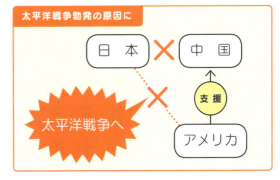

※1 **盧溝橋事件**：北京に日本軍が駐留していたのは、北京議定書による。
※2 **援蒋ルート**：蒋介石を援助するためのルート。アメリカ、イギリス、ソ連が中華民国に支援物資を送り込んだ輸送路のこと。

第1章 大陸国家になれなかった日本 | 23

海洋国家日本の
起源となる海上貿易

　日本は大陸国家としての側面を持っていた時期もありますが、島国であり、海洋国家です。江戸時代に鎖国するまで、全時代を通じて海外と通交しており、特に16世紀に入ると活動の範囲も広がりました。1630年代に鎖国に関する御触れが次々に出されるまで、東南アジアの各地には日本人が集まって住む日本町ができています。

朱印船貿易と東南アジア各地の日本町

　平安時代の中頃から宋との貿易がより盛んに行われるようになり、平忠盛・清盛の親子は日宋貿易による富で力をつけました。また、室町時代には海禁政策をとっていた明との勘合貿易が行われます。勘合とは通交の正式の許可があることを示すために明が発行した札で、倭寇^{わこう}[※1]と呼ばれた海賊の活動を抑える目的がありました。

　戦国時代に入ると勘合貿易は廃れ、大名や堺や博多の商人たちが独自に交易しましたが、豊臣秀吉が全国を統一した後は統制が加えられるようになります。秀吉の死後、朱印状という公的な許可書を発行し、それを持つ船が正式な貿易船であることを諸外国に保障する朱印船制度を徳川家康が開始しました。鎖国令で日本人の海外への渡航・海外からの入国が禁じられるまで30数年間の内に、300以上の朱印状が発行され、多くの朱印船が東南アジア全域に向かいます。そのため東南アジアの港町には日本町が形成され、山田長政[※2]のような外国で活躍する者も出てきました。

　このように約200年の鎖国期間を除けば、日本人は積極的に国外へ出向いた歴史を持っています。鎖国期間といえども長崎の出島ではオランダから世界の情報を入手していましたから、鎖国という表現自体おかしいのかもしれません。

▼ 東南アジアの日本町

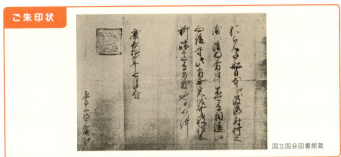

ご朱印状

国立国会図書館蔵

※1 倭寇：14世紀から16世紀にかけて東アジアで活動した海賊。略奪行為だけではなく、東アジア海域で私貿易を行う商人でもあった。
※2 山田長政：江戸時代前期にシャム（タイ）の日本町の長となり、外交、貿易に従事した。

| 第1章 大陸国家になれなかった日本 | 25

明治政府の南方進出政策

　日本は四方を海で囲まれた島国であり、海上通商路を安全に保つことが非常に重要です。鎖国前の時代にも東南アジアとの交易が活発に行われていましたが、日本から東南アジア方面へ向かう途中にある沖縄や台湾がどのような状況にあるかは、今も昔も日本にとって大きな問題となっています。

沖縄をめぐる清との対立

　現在の沖縄県には、15世紀から19世紀まで琉球王国という国があり、日本と清のそれぞれが領有を主張していました。明治維新後、維新政府は琉球王国[※1]を廃して琉球藩を支配下に置こうとしますが、清が強く反発します。1874年明治政府は台湾出兵[※2]を強行。清は抗議しますが、第三国の仲介で、琉球を領土とする日本の主張が認められた形となりました。さらに1879年明治政府は強制的に琉球藩を廃して沖縄県を設置（琉球処分）、清はこれにも強く反発し、その後も沖縄をめぐる両国の対立は継続します。日清戦争後、清が沖縄全域を日本領と認めることで、沖縄の領有問題は事実上、決着をみました。また、このとき下関条約（→P14）により、台湾も日本へ割譲されています。

日米衝突を予感させるアメリカのアジア進出

　スペインの植民地支配から独立を目指すフィリピンは、1898年の米西戦争でアメリカに協力し、結果、アメリカが勝利します。フィリピンはアメリカに協力することで独立を保障されたと考えていましたが、アメリカは独立を認めず戦争となり、結局フィリピンはアメリカの植民地となってしまいました。アメリカはこれを足がかりに、中国進出を目論見ます。一方、この頃の日本は大陸進出を目指し、朝鮮半島支配を進めていました。

▼日本とアメリカの南方支配地域

1879年	琉球処分	廃藩置県で明治政府は強制的に沖縄県を設置
1895年	台湾割譲	日清戦争後の下関条約で台湾が日本へ割譲される
1898年	フィリピン譲渡	米西戦争後のパリ条約でフィリピンがアメリカの植民地となる

※1 琉球王国：日本や明・清などの間をつなぐ中継貿易を行って栄えた。1609年薩摩藩による琉球への出兵以来、実質的に薩摩藩の支配下に入っていたのと同時に、清の冊封下にも入っていた。
※2 台湾出兵：台湾で起こった琉球漂流者殺害事件について、清が台湾は化外の地（統治範囲ではない）であるから自国に責任はないと主張。それに対して明治政府は、琉球人は日本国民であり、清が台湾を処罰しないなら自ら討伐するとして、1874年台湾に遠征軍を派遣した。

第1章 大陸国家になれなかった日本 | 27

第一次世界大戦と日米対立の顕在化

　　日本は日英同盟の関係から連合国側で第一次世界大戦に参戦し、戦勝国となりました。戦争を通じて経済や工業が大きく成長し、国力が増大する一方で、対華二十一ヵ条要求（→P18）やシベリア出兵を行ったことによって国際社会から警戒心をもって見られるようにもなり、日本をとりまく状況に変化が生じてきます。

第一次世界大戦を通じて国力を伸ばした日本

　　日本は第一次世界大戦の主戦場となったヨーロッパから遠く離れていて国土が戦場にならなかったうえ、軍隊も小規模な艦隊を送るにとどまったので、戦争で疲弊するヨーロッパの列強国を尻目に、経済面や工業面で大きく成長しました。また第一次世界大戦前はドイツ領だった南洋諸島の一部を占領し、戦後そのまま委任統治領として獲得、さらに山東半島の租借地も継承しています。

日本をとりまく国際秩序の枠組みの変化

　　第一次世界大戦が終わった後、列強による国際協調が唱えられました。1921～22年にアメリカの提唱で、東アジア・太平洋における新たな国際秩序構築のための話し合いが行われます（ワシントン会議）。

　　アメリカには、勢力を伸ばし始めた日本が大陸進出を目指すのを抑えたいという思惑がありました。ワシントン会議では、海軍軍備制限条約・四ヵ国条約・九ヵ国条約の3条約が成立、四ヵ国条約により日英同盟は破棄され、九ヵ国条約により日本は山東半島のドイツ権益を手放すことになります。

　　大戦以降大きく成長したとはいえ未だアメリカには及ばず、軍需資源もアメリカからの輸入に頼っていた日本は、アメリカの提案を受け入れざるを得なかったのです。

▼第一次世界大戦後の勢力図

ワシントン会議で成立した条約	
海軍軍備制限条約	日本、イギリス、アメリカ、フランス、イタリアの5ヵ国よって締結された条約。戦艦の建造を10年間凍結し、主力艦保有量の比率を米5：英5：日本3：仏1.67：伊1.67と定めました。
四ヵ国条約	日本、イギリス、アメリカ、フランスによって締結された条約。太平洋上の諸島の領有権の相互尊重、紛争が生じた場合は共同会議で解決するなどを規定し、日英同盟の終了を宣言しました。
九ヵ国条約	日本、イギリス、アメリカ、フランス、イタリア、ベルギー、オランダ、ポルトガル、中国によって締結された条約。中国の主権尊重、門戸開放、機会均等、領土保全を規定し、日本は山東半島を中国に返還しました。

第1章 大陸国家になれなかった日本　29

東南アジア進出と日米戦争

第二次世界大戦は、**1939年**ドイツのポーランド侵攻から始まりましたが、日本はそれ以前の**1937年**から中国と全面戦争状態にありました。日本の勢力伸張を警戒するイギリス、アメリカ、ソ連は中国に支援を与えており、直接の武力衝突が起きていなくても、すでに日本と列強三国の対立の構図はできていたといえます。

強硬な対外政策が招いた破滅

ヨーロッパでナチスが率いるドイツが台頭してくると、孤立を深めていた日本は新たな同盟関係を求めて接近します。大国フランスをわずか1ヵ月で降伏に追い込んだドイツの軍事力に幻惑され、1940年日独伊三国軍事同盟を結んで関係を強めました。

同年日本は北部フランス領インドシナに軍を進駐させて英米の援蒋ルート(→**P22**)を遮断、これに対してアメリカは、日本への鉄くずなどの資源輸出を禁止します。資源のほとんどをアメリカはじめ海外に頼る日本にとってこの経済制裁は大きな痛手であり、日本は資源を獲得するため、さらに南部フランス領インドシナへも進駐しました。するとアメリカは石油の輸出も禁止、近隣に植民地を持つイギリスとオランダ領東インド[※1]も経済制裁に加わります。日本は関係改善に務めますが、芳しい成果は得られませんでした。

日米開戦の1ヵ月前には、ハル・ノートと呼ばれる最後通牒[※2]がアメリカから突き付けられます。内容は東南アジアや中国からの撤兵、日独伊三国軍事同盟の破棄などの厳しいものでした。これまで積み重ねてきたものを放棄できなかった日本は、勝ち目の乏しさを知りつつもアメリカ、イギリスとの戦争に踏み切ります。大戦末期にはソ連も日本に対し宣戦布告。日本はすべてを失う敗戦の憂き目にあいました。

▼ 太平洋戦争当時の日本

❶	1941年12月	真珠湾攻撃
❷	1942年 2月	シンガポール占領
❸	1942年 6月	ミッドウェー海戦
❹	1943年 2月	ガダルカナル島玉砕
❺	1944年 7月	サイパン島陥落
❻	1944年10月	レイテ沖海戦
❼	1945年 2月	硫黄島の戦い
❽	1945年4月~6月	沖縄戦
❾	1945年 8月	ソ連の対日宣戦

※1 **オランダ領東インド**：オランダはドイツに占領されていたが、亡命政府が設立されていた。
※2 **最後通牒**：国家間で紛争の平和的な外交交渉を打ち切り、自国の最終的な要求を相手国に提出して、それが受諾されなければ自由行動をとることを述べた外交文書。

第**1**章 大陸国家になれなかった日本 | **31**

島国となった日本と周辺国との領土問題

第二次世界大戦では核兵器の使用やソ連の侵攻がとどめとなり、日本はポツダム宣言を受諾して連合国に降伏しました。戦争に負け、連合国軍の占領下となり、国の主権を失った日本は、1951年サンフランシスコ平和条約（発効1952年）でようやく独立を回復します。

敗戦により多くの領土を失う

1945年に出されたアメリカ、イギリス、中国によるポツダム宣言^{※1}では、すべての日本軍の無条件降伏を求められたと同時に、日本の主権が及ぶ範囲にも言及がありました。それは、北海道、本州、四国、九州のほかは連合国が決めた島々に限るというもので、満洲事変はおろか、日清戦争、日露戦争、第一次世界大戦で得たものすべてを放棄したうえに、さらに領土を削られる可能性も示唆されるものでした。最終的にサンフランシスコ平和条約では、日本の領土は北海道、本州、四国、九州とそれに準ずる島々に限定され、沖縄をはじめとする諸島（尖閣諸島を含む）は1972年の返還まで、米軍占領下のまま置かれることとなります。

島国としての日本の領土問題

現在の日本の領土は、このようにサンフランシスコ平和条約により確定されました。かつては大陸へも進出した日本でしたが、領土のすべてが島からなる国となったのです。陸上で国境を接する国はありませんが、領土問題は海上でも起こります。小さな島でも自国の領土であれば、周辺海域の天然資源を開発する権利を得ることができるからです。現在、解決すべき問題であるロシアとの北方領土問題、韓国との竹島問題、中国との尖閣諸島問題には関係国それぞれに主張があり、解決策を見つけるのは非常に困難です。

▼ 日本の領土

北方領土	サンフランシスコ平和条約で千島列島を放棄した日本ですが、択捉島、国後島、色丹島、歯舞群島が千島列島に含まれるかどうかが日本とロシアの争点となっています。現在、ロシアが実効支配を行っています。
竹　　島	1905年島根県に編入された島。サンフランシスコ平和条約ではその扱いは明記されていません。韓国が領有権を主張しています。
尖閣諸島	沖縄県石垣市に属している島々。1972年まではアメリカの施政下におかれていました。中国が領有権を主張しています。

※1　**ポツダム宣言**：1945年7月26日に発表された、日本に無条件降伏を求めるアメリカ、イギリス、中国の共同宣言。

column
地政学の基礎知識

日本の領海

　領海とは、基線（海岸の低潮線、湾口もしくは湾内等に引かれる直線）からその外側12海里（約22.2km）の線までの海域で、沿岸国の主権が及ぶ水域です。沿岸国の主権は、領海の上空並びに領海の海底、さらにその下にも及びます。

▷国際航行に使用される五海峡は特定海域とされています。同海域に係る領海は基線からその外側3海里の線及びこれと接続して引かれる線までの海域となっています。

出典：海上保安庁ホームページ（http://www1.kaiho.mlit.go.jp/JODC/ryokai/ryokai.html）

第 2 章

海洋国家になれなかった中国

中国王朝と遊牧民との抗争の歴史

　現在の中華人民共和国の領域には、歴史上いくつもの王朝が興亡を繰り返してきました。中国では4千年以上の昔から農耕民が文明を発達させ、数々の王朝を興してきましたが、なかには万里の長城以北の遊牧民により打ち建てられた王朝もあります。中国の主要な農耕民である漢民族が建てた歴代王朝は、北方の遊牧民対策に頭を悩ませていたのです。

北方の遊牧民の中原への侵入と同化

　中国では周辺民族を蔑視して、東夷、西戎、北狄、南蛮と呼んでいました。この内、北狄は主にモンゴル高原を中心とした地域で活動していた遊牧民を指します。時代とともに支配的な勢力は移り変わりますが、主だった勢力には匈奴、鮮卑、柔然、突厥、契丹※1などがありました。

　戦国時代の北側の国々は、遊牧生活で培われた乗馬技術を持つ強力な騎馬軍団である遊牧民に備えるため、モンゴル高原との境に長城を建造しています（万里の長城）。遥か昔から、北方の遊牧民への対策は欠かせないものだったのです。

万里の長城を境とした漢民族との関係

　北方の遊牧国家は絶えず長城以南への進出を図っていましたが、歴代中国王朝が常に遊牧民と対立関係にあったかというと、そうではありません。中国の皇帝には遊牧民の血を引くものも多く、何より交易も普通に行われていました。中国の歴史を語るときに、万里の長城を境とする遊牧民と農耕民との対立という見方ではなく、遊牧民と農耕民が交流（融合）しながら中国の歴史が展開されていくという見方もできるでしょう。その終着点が13世紀以降の元・明・清という時代になります。

▼ 前漢（紀元前100年頃）

▼ 後漢（2世紀頃）

▼ 南北朝時代（5世紀頃）

▼ 隋（7世紀頃）

▼ 唐（8世紀頃）

遊牧国家の移り変わり

中国の北方のモンゴル高原には草原地帯が広がっています。草原地帯は乾燥していて農業が行えないため、人々は遊牧生活を送っていました。そこで生まれたのが、馬に乗った武装集団です。その勢力範囲は、時代とともに移り変わります。

※1 匈奴、鮮卑、柔然、突厥、契丹：遊牧をなりわいとしているという生活様式の違いに加え、言語もトルコ系、モンゴル系、中国（漢人）系と大きく異なる。

ユーラシア帝国としての元

蒙古襲来で日本でも名高い元は、ユーラシアをまたぐモンゴル帝国の一部で、チンギス・ハーンの孫、フビライが華北に建てた王朝です。元は中国の南宋を滅ぼして中国全土を統一し、東南アジアにも遠征しました。元の海への進出によって首都大都を中心としてつながった陸の道と海の道は、東西の交易を活発にします。

チンギス・ハーンと後継者による中国の統一

諸部族が割拠していたモンゴル高原を統一したチンギス・ハーンは、周辺地域を次々に征服、モンゴル帝国を急速に拡大します。チンギス・ハーンの死後も後継者によって征服は続けられ、西は東欧から東は朝鮮半島までを支配下に収めました。1271年後継者争いに勝利したフビライは、都をモンゴル高原のカラコルムから大都（現在の北京）に遷し、華北を中心に元を成立させます。1279年大都を拠点にフビライは南宋を滅ぼし、中国全域を支配下に置きました。この頃にはチンギス・ハーンの子孫が自立して各地を治めるハン国が建てられ、モンゴル帝国はゆるやかな連合体となっていきます。

海への進出で東西が結びつく

南宋を手に入れたフビライは、さらに海への進出も目論見ます。日本へも朝貢を求めますが、鎌倉幕府がこれを断わったことから二度の渡海攻撃が行われました（元寇[*1]）。ベトナムやジャワへの遠征もありましたが、いずれも失敗に終わっています。

遠征の多くは失敗したものの、元の海への進出は世界各地の交易を盛んにしました。大都を拠点として陸路ではヨーロッパまで、海路ではアフリカまでがつながって、東西の交流が盛んに行われるようになったのです。

▼ モンゴル帝国支配の拡大

モンゴル帝国の発展

12世紀中頃までモンゴル高原は分裂状態でしたが、チンギス・ハーンが諸部族を統一します。13世紀に入ると金、西夏など南方の農耕地帯に進出、さらに西にも進出を図りました。チンギス・ハーンの後継者フビライは都を大都に遷し、そこからさらに南に進出、海に面した南宋を手に入れたことにより海を渡っての領土拡大も狙うようになります。海を渡った領土拡大は成功しませんでしたが、わずか半世紀足らずの間にユーラシアのほとんどがモンゴル帝国に征服されました。13世紀は「モンゴルの世紀」といえるのです。

※1 **元寇**：元軍による1274年文永の役、1281年弘安の役と二度にわたる日本侵攻。「蒙古襲来」ともいわれる。二度とも暴風雨に襲われ被害を受けたことで元軍は撤退した。

元の後継国
明・清

　元がモンゴル高原に撤退した後には明が中国を統一しました。その明にとってかわったのが、中国では女真と呼んでいた満洲族の建てた清です。明も清も300年に達しようかという息の長い王朝でした。この両王朝の時代に現代の中華人民共和国の主張する領土意識が培われたといってもいいでしょう。

明の滅亡を早めた外部勢力の脅威

　明はモンゴルを中国から駆逐して建てられた王朝です。モンゴル高原では元以降も、オイラト、タタールといった遊牧民が力を伸ばし、明は歴代王朝と同様に北方の脅威にさらされていました。明代の初期はモンゴルへ遠征するなど積極的な姿勢でしたが、15世紀には明の皇帝が捕虜になる事件が起こるなど軍事的に劣勢になり、また明は沿岸部に現れる倭寇（→P24）にも苦しめられます（北虜南倭）。

現代のウイグルやチベット問題の発端

　明の国境の北側では、中国からは女真族と呼ばれていた満洲族が頭角を現してきます。一度は征服されて明への服属を強いられていた女真族ですが、明の支配を脱してヌルハチが後金（後に清に改称）を建国、隣接するモンゴル系諸部族を傘下に収めて勢力を強めていきました。

　清は明で李自成の乱[※1]が起きて首都の北京が陥落し、皇帝が自殺するという混乱に乗じて、長城を越えて侵攻し中国全土を征服します。さらに外蒙古を含むモンゴルや、東トルキスタン、チベットまでをも征服し、歴代の中国王朝最大の版図を築きました。これは現在の中華人民共和国と、ほぼ同じ規模の領土になります。

▼ 明

明の都

元をモンゴルに追いやった明の洪武帝は、金陵（現在の南京）に都を置きました。第3代皇帝の永楽帝は、北方の遊牧民対策を重視していたため、都を北京に遷します。元の時代も北京（当時の大都）に都を置いていました。その意味で、明は元の後継国と見ることができます。

▼ 清

最盛期の清

清は後金建国当時の瀋陽に都を置いていましたが、中国支配にともない、第3代順治帝の時代に北京へ遷都しました。そして、第6代乾隆帝の時代に、歴代中国王朝最大の版図を実現します。満洲、中国、台湾を直轄地とし、それ以外の藩部には自治が認められていました。

※1 **李自成の乱**：明代末期に起きた農民反乱。

第2章 海洋国家になれなかった中国 | 41

海へ向かおうとした
大陸国家中国

　元、明、清は、大陸国家として振る舞うことが多かった歴代の王朝のなかでは珍しく、海洋への進出を試みた王朝です。しかし、外交方針をめぐる国内での対立や近代化の遅れで、いずれも成功にたどり着くことはできませんでした。その後イギリスや日本との戦争に敗れ、海への進出どころか自国の大陸の領土が列強に占領されていくことになります。

中途で終わった外洋への進出

　元は13世紀に日本やジャワへ遠征しますが (→P38)、どちらも失敗に終わります。明は海禁政策をとって、自国民の渡海や海外貿易を厳重な管理下に置きますが、第三代皇帝の永楽帝は15世紀前半、海の向こうの国々を冊封体制下に置くために、宦官の鄭和を指揮官に据えた大艦隊を南シナ海やインド洋へと送り出しました。遠征は7回に渡り、なかには東アフリカ沿岸にまで到達したものもあります。しかし、永楽帝の死後、遠征を支持する宦官勢力と海洋貿易に反対する官僚との対立が起こり、優位に立った官僚側によって艦隊の船は解体され、航海の記録さえも処分されました。

西洋に追いつくことができなかった清の海軍

　17世紀の清は、遷界令を出すなど諸外国との通交や遠征に消極的でしたが、19世紀に入ってヨーロッパ勢力が本格的に東アジアに進出してくると状況は変わります。1840〜42年イギリスとのアヘン戦争、1856〜60年英仏連合軍とのアロー戦争と二度の戦いに敗れ危機感を覚えた清は、西洋にならった近代化（洋務運動）を進めました。その一環として誕生した北洋艦隊はアジア最強と目された艦隊でしたが、錬度や士気に欠けていたため、日清戦争で壊滅。清の海洋進出は頓挫します。

▼ 鄭和の南海遠征

南海遠征の目的

永楽帝が鄭和を南海遠征に送り出した理由は、明の権威を各地に知らしめようと外国貿易の拡大を狙ったためでした。結果、多くの国が明との通交を求めるようになり、朝貢貿易[※3]が促進されました。

※1 **宦官**：去勢を施された官吏。皇帝に重用され大きな権力を持つ者もあった。
※2 **遷界令**：1661年貿易で富を得ていた台湾の勢力を抑えるために清が実施した海禁令。台湾に面した沿岸住民を内陸へ強制移住させ、交易を厳しく制限した。これにより台湾だけでなく東シナ海の商業活動全体が大打撃を受ける。1683年台湾が清に占領されると遷界令も解除された。
※3 **朝貢貿易**：周辺国の君主が中国の皇帝に貢物を捧げ、中国の属国として中国皇帝から国王の位を授かるという貿易形態。

| 第2章 海洋国家になれなかった中国 | 43

列強に分割された
苦難の近代中国

清は内部の反乱（辛亥革命）で滅びますが、そこにいたる遠因には外部からの圧迫があります。北と西からロシア、植民地の南アジアや東南アジアを経て海からやってくるイギリスやフランスなどのヨーロッパ列強に日本と、陸と海双方からの圧力に抵抗できずに分割され、半植民地化されてしまいました。

列強の圧力で分割された中国

1840年清とイギリスの間にアヘン戦争が勃発します。国内に蔓延していたアヘンを厳しく取り締まろうとした清は、アヘンとアヘンを扱うイギリス貿易商を強引に排除しようとしました。これに対してイギリスは軍隊を派遣して清を破り、香港割譲など清に不利な条項が盛り込まれた不平等条約（南京条約）が結ばれます。1856年第二次アヘン戦争とも呼ばれるアロー戦争を仕掛けられ、英仏連合軍の侵攻に屈した清は、北京条約で講和しました。この条約では1858年の天津条約を確認し、加えて天津を開港、イギリスへの九竜の割譲が定められます。さらに1894年に起こった日清戦争（→P14）で敗北した清への列強の要求は容赦ないものとなり、国土の大半を列強に分割され、各国の租借地[※1]がつくられました。

こうした状況から民衆の怒りは外国人排斥運動につながり、1900年義和団事件（→P16）が起こります。この「扶清滅洋」（→P16）を掲げた義和団に乗って清朝政府は列強に宣戦布告しますが、日本とロシアを主力とした八ヵ国連合軍（→P16）が派遣されると態度を翻して、事件を鎮圧する側に回りました。事件鎮圧後の1901年に結ばれた北京議定書の内容は、清国内に外国軍の駐留を認めるなど清の半植民地化を決定付けるものとなり、また巨額の賠償金を課せられたことで、清朝の衰亡が加速することになるのです。

▼ 列強による清の分割

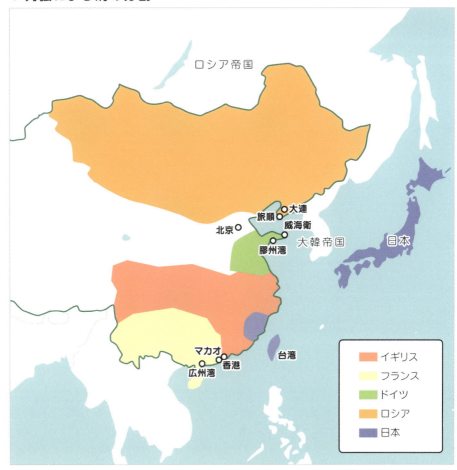

半植民地化された清

日清戦争以降、列強国による清の領土の分割が進みます。ロシアが旅順と大連、イギリスが威海衛、ドイツが膠州湾、フランスが広州湾を租借地として、周辺の利権を清から奪いました。列強は競争して領土を獲得していくだけではなく、互いに取引をして勢力範囲を設定しているという側面もあります。清は、国家としての独立は保っていても、実質的には鉄道敷設や鉱山開発などの利権をすべて列強国に奪われ、分割されていたのです。

※1 **租借地**：国から国へ、期限付きで貸与される地域。領土権は貸した国にあるが、統治権は借りた国が持つ。

ナショナリズムの高揚と中華人民共和国の成立

　列強の侵略になす術を失った清朝から人々の心は離れ、やがて革命で清は滅び、中華民国が誕生します。しかし、中華民国の国内は軍閥が割拠して治まらず、半植民地の状態も変わらないなか、ロシアに成立したソビエト連邦の影響下で中国共産党が結成されました。第二次世界大戦後、中国共産党は内戦に勝利し、中華人民共和国をつくります。

清から中華民国、そして中華人民共和国へ

　義和団事件（→P16,44）の後始末で支払った賠償金の思い負担から、民衆は清朝への不満を募らせました。また、義和団事件を一時は支持したにもかかわらず鎮圧に回ったことも、清朝への支持を失わせます。そして異民族の清朝を滅ぼして漢民族の国を興そうと「滅満興漢」の動きが盛り上がり、1911年辛亥革命が起こって清朝が廃止され、中華民国となりました。しかし権力を裏付ける力のない中華民国政府は、軍閥の総帥である袁世凱に乗っ取られます。この袁世凱が、日本の対華二十一ヵ条の要求（→P18）に屈したことから反日運動に火がつき、中国民衆のナショナリズムが高揚しました。（五・四運動[1]）

　一方、ロシア革命以後に成立したソビエト・ロシア（ソ連）はコミンテルンという国際組織をつくり、その指導の下に各国で共産主義の浸透を図ります。中華民国でもコミンテルンの指導により、1921年上海で中国共産党が結成されました。1924年中国共産党は中国国民党と協力（第一次国共合作）しますが、1927年両党の関係は崩壊します（上海クーデター[2]）。1937年日本と中国との戦争が始まると（→P22）中国国民党と中国共産党は再び協力関係を結びますが（第二次国共合作）、日中戦争後には内戦に突入、戦争の間に力を蓄えた中国共産党は内戦に勝利し、1949年中国国民党の中華民国を台湾へ追いやって、中華人民共和国を建国しました。

▼ 中華民国

統一政府のない分裂状態

中華民国が成立してからも軍閥が各地で力を持っており、中国全土を統治する政府が存在していませんでした。袁世凱の死後、中華民国はますます形骸化し、事実上の分裂状態が続きます。

▼ 中華人民共和国

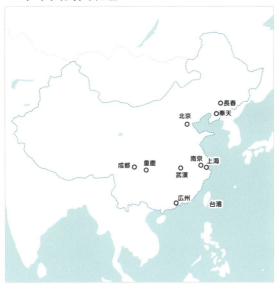

共産党が中国を統一

第二次世界大戦後の内戦で勝利した中国共産党が建国を宣言。中国国民党は台湾に撤退しました。

※1 **五・四運動**：1919年5月4日、日本の中国侵略に抗議して学生たちが北京で行ったデモに端を発した大衆的民族運動。中国全土での日本製品不買運動に発展し、中国はヴェルサイユ条約の調印を拒否せざるを得ない状況になった。

※2 **上海クーデター**：上海で蔣介石が起こした反共クーデター。南京国民政府を樹立し、中国共産党を弾圧した。

| 第2章 海洋国家になれなかった中国 | 47

column 地政学の基礎知識

マッキンダーのハートランド理論

　現代地政学の創始者といわれるイギリスの地理学者、ハルフォード・J・マッキンダー（1861〜1947年）は、「世界の歴史とは、領土拡大を狙うランドパワーと、これを制止しようとするシーパワーの抗争の歴史である」ととらえました。マッキンダーは、ユーラシア大陸を「世界島」と定義して大陸の中央部（シーパワーの及ばない地域）をハートランド、ハートランドに隣接し、外洋に面するエリアをシーパワーとランドパワーの両面を持ち合わせた「内側の三日月地帯」と名付けたのです。ヨーロッパはこの「内側の三日月地帯」に位置しており、ハートランドに接する部分、つまり、東ヨーロッパを戦略上もっとも重視しました。「東欧を支配する者がハートランドを制し、ハートランドを支配する者が世界島を制し、世界島を支配する者が世界を制する」というマッキンダーの言葉がそれを表わしています。ナチスドイツが東欧からソ連に侵攻した事実や、ソ連が第二次世界大戦後に東欧を影響下に置いたことを想起させます。この考え方では、ハートランドを制するランドパワーが出現した場合、それを阻止すべくシーパワー勢力の団結が促されます。これは勢力均衡（バランスオブパワー）を国家戦略とするイギリスの外交方針と一致しており、議員経験を持つマッキンダーはこうした卓見をもとに国内外の政治に大きな影響を及ぼすことになったのです。

▼マッキンダーの概念

第**3**章

大陸から海を目指すロシア

ハートランドを
支配するロシア

　ロシアは9世紀に侵入してきたノルマン人が先住のスラヴ人と同化して成立した国家です。ノルマン人はノヴゴロド公国とキエフ公国を建国しますが、13世紀になるとモンゴルの侵攻にあい、以降長くモンゴルの支配下に置かれることになりました。1480年モンゴルの支配下からモスクワ大公国が自立、16世紀になるとロシア帝国という呼び方が定着します。

南下政策の始まりとなる黒海方面への進出

　1613年ロシア帝国にロマノフ朝が成立しました。その後17世紀末に即位したピョートル1世は、ヨーロッパ諸国を視察して産業や軍事などを学び、積極的な西欧化政策を進めロシアを大きく発展させていきます。さらにヨーロッパ諸国から技術者を招き、多数の艦船をつくって海軍を組織するまでに至ったのです。

　領土拡大を目論むピョートル1世は、1696年黒海・バルカン半島への進出を目指し、オスマン帝国が領有するアゾフ海沿岸[※1]を占領。以降、ロシアは不凍港（→P76）獲得のため南下政策[※2]を展開していきます。

ロシアの大国化を決定的にしたバルト海進出

　1700年ロシアはデンマーク、ポーランドと連合して北方戦争を開始、バルト海沿岸を領有する大国スウェーデンに侵攻しました。スウェーデン側にはオスマン帝国が味方につき、ロシアは一時苦戦を強いられますが、徴兵制度を敷くなど軍備の強化を図ります。そして21年間という長い戦いの末に勝利したロシアは、戦争で奪ったバルト海沿岸に新都ペテルブルクを建設しました。バルト海の覇権を失ったスウェーデンに代わって、ロシアはヨーロッパの大国として台頭していくことになったのです。

▼ アゾフ占領と北方戦争

南下政策の始まりであるアゾフ攻撃

ロシアの南下政策は、ピョートル1世によるアゾフ海進出から始まりました。それ以前の時代にもロシアはアゾフ海進出を試みていましたが、いずれも失敗に終わっています。ピョートル1世は失敗の原因を海上を封鎖する手段を欠いたためと考え、艦船を建造して海軍を強化、海と陸の両面からの攻撃でアゾフ海占領を成功させました。

※1 **アゾフ海**：黒海北部にある内海。アゾフ港にはオスマン帝国の砦が建設されていた。
※2 **南下政策**：ロシアが黒海、バルカン半島方面および中央アジア、東アジア方面に勢力を拡大させようとする動き。

第3章 大陸から海を目指すロシア | 51

エカチェリーナ2世の領土拡大政策

　ピョートル1世の西欧化政策により、片田舎の後進国からヨーロッパ列強と肩を並べる大国に成長したロシアは、シベリアの少数民族や弱体化した遊牧民国家の末裔を蹴散らすだけでなく、ヨーロッパや世界情勢に大きな影響を与える大国として振る舞うようになりました。以降現代まで、ロシアは国際関係へ大きな影響力を与え続けています。

クリミア半島獲得とポーランド分割

　ロシア帝国の対外戦争による容赦ない帝国拡大政策が本格化したのが、エカチェリーナ2世の時代でした。18世紀後半二度の対トルコ戦争で、クリミア半島を含む黒海北岸の地域を領土に加え、黒海に黒海艦隊を駐留させました。また、ヨーロッパ方面では1772〜95年にかけて、プロイセンやオーストリアと組んで三度に渡る領土分割を行い、ポーランド王国を地図上から消滅させます。ロシアはポーランド領を手に入れたことで、領土を西側へ大幅に拡大することを達成したのです。

フランス革命後の戦乱で大国の地位を確立

　アレクサンドル1世の時代になると、ナポレオンが皇帝となったフランスとロシアとの関係が緊張し始め、1805年アウステルリッツの戦いで大敗し一時フランスに屈服します。しかしロシアは、大陸封鎖令[※1]を破りフランスを挑発し続けました。その結果、1812年ナポレオン軍はロシアに侵入しましたが、ロシア軍の反撃に遭い撤退。この勝利によってロシアの存在はヨーロッパに大きな影響を与えるようになったのです。ナポレオン失脚後の1814〜15年には、ヨーロッパ諸国の代表が集まり、ヨーロッパの秩序の再建の話し合いが行われています（ウィーン会議[※2]）。

▼ 黒海方面への進出とポーランド分割

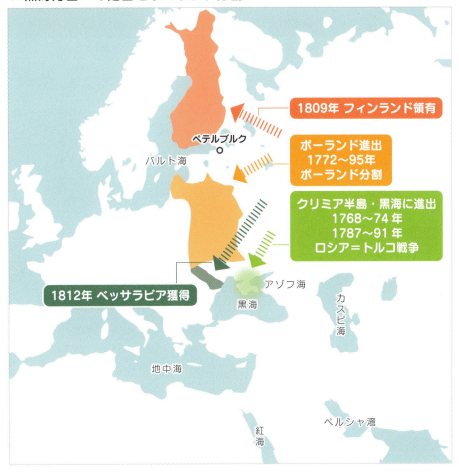

黒海周辺を奪い合うオスマン帝国とロシア

17世紀末から本格化したオスマン帝国との争いは一進一退を重ねていましたが、エカチェリーナ2世がクリミア半島の領有に成功してからは、ロシアに有利にはたらきます。ナポレオン戦争中にもオスマン帝国と戦い、ベッサラビアを獲得して黒海沿岸の支配を固めました。

※1 **大陸封鎖令**：1806年ナポレオンがヨーロッパ諸国に発したイギリスを経済封鎖するために通商を禁止する勅令。
※2 **ウィーン会議**：オーストリア、プロイセン、ロシア、イギリスが中心となって進められた。ここで成立したヨーロッパ地図は1860～70年代のドイツ、イタリアの統一まで続くことになる。

クリミア戦争の敗北とアジアへの進出

アレクサンドル1世の弟、ニコライ1世の即位当日、青年将校たちが専制政治打倒を目的とする反乱を起こします。反乱は鎮圧され、以降皇帝は検閲を法制化するなど、ますます統制を強化しました。国内の乱れを収め、外国へ兵を出す余裕が生まれたロシアは、バルカン半島へ向けて南下政策を再開します。

ロシアの拡大に合わせて高まる各国の警戒心

ロシアはニコライ1世の時代になると、オスマン帝国の弱体化に乗じて、黒海から地中海へ進出を狙い、ギリシャ独立戦争でギリシャを支援しオスマン帝国から独立させました。1830年代には二度にわたりエジプト=トルコ戦争に介入したため、ロシアの南下を恐れるイギリスとの対立が激しくなっていきます。

1853～56年のクリミア戦争[※1]でオスマン帝国、イギリス、フランスと戦いましたが、連合軍の強大な勢力の前に大敗北を喫し、黒海沿岸に築いた拠点まで失うこととなり、南下政策は挫折します。

手こずったアジアへの進出

ニコライ1世は南下政策の本命である黒海から地中海へ抜けるルートの確保には失敗しましたが、中央アジアではカザフ人のハン国を征服、またカフカス山脈一帯（コーカサス地方）の地域へも手を伸ばしています。コーカサス地方はさまざまな民族が暮らす地域で、執拗な抵抗にあい、征服するまでに長い年月がかかりました。

一方、日本に対してはエカチェリーナ2世の時代にラクスマン（→P12）を派遣し通商を拒否されていますが、ニコライ1世が派遣したプチャーチン提督により1855年日露和親条約（→P12）が締結されました。

▼ クリミア進出の失敗でアジアに向かうロシア

長期戦となったコーカサス戦争

ロシアはアレクサンドル1世の時代からコーカサス地域の征服を目指していました。コーカサスには多様な民族が暮らしており、ロシアの侵略に激しく抵抗。征服が完了したのはアレクサンドル1世が戦争を開始してから実に48年後のことでした。

※1 **クリミア戦争**：バルカン半島の支配権をめぐってクリミア半島で戦われた戦争。看護婦ナイチンゲールが傷病兵の看護に尽力したことでも知られる。

列強に阻まれる
バルカン半島進出

　クリミア戦争でイギリスやフランスという近代化を進めていた国を相手に敗れたロシアは、自国の後進性を思い知らされます。ニコライ1世の後を継いだアレクサンドル2世はその差を埋めるために、皇帝の権力で国政改革を推し進めました。国内の立て直しを図りつつ、ロシアの対外進出は続きます。

南下政策の方向はバルカン半島からアジア方面へ

　クリミア戦争後、ロシアの南下政策は列強を刺激するバルカン半島を避け、中央アジアと東アジアへと矛先を変えていきました。中央アジアではウズベク族が建てたブハラ＝ハン国、ヒヴァ＝ハン国、コーカンド＝ハン国の三ハン国を支配下に置き、東アジアではアロー戦争（→ P42）で疲弊した清に圧力をかけ、満洲の北辺と沿岸部を獲得していったのです。

再びヨーロッパ列強に阻まれるバルカン方面への進出

　クリミア戦争の敗北によりロシアは、ベッサラビアを手放したうえに黒海で艦隊を持つことも禁じられていました。しかし、アレクサンドル2世の時代になり国内改革が一定の成果を上げると再びオスマン帝国に戦争を仕掛けます。

　1877年バルカン半島のスラブ系キリスト教徒保護を口実にロシアがオスマン帝国に宣戦します。この露土戦争で他国の軍事介入もなく勝利を収めたロシアは、翌78年のサン・ステファノ条約で黒海沿岸とバルカン半島での勢力拡大に成功しました。しかし、ロシアの拡大に危機感を覚えたイギリス、オーストリアなど各国の反発により開催されたベルリン会議[※1]で、サン・ステファノ条約が大幅に修正されロシアが獲得した領土は削られてしまいます。これによりロシアのバルカン半島進出の野望は、再び阻止されてしまったのです。

▼ ロシアのアジア進出

	アジアに進出するロシア
1858年	アイグン条約で清からアムール川以北を獲得
1860年	北京条約で清から沿海州を獲得
1873年	三ハン国征服
1881年	イリ条約で清から東トルキスタンの一部を獲得

※1 **ベルリン会議**：サン・ステファノ条約に対するイギリス、オーストリア＝ハンガリー帝国の要求で開催された会議。ドイツ帝国のビスマルクの調停によりオスマン帝国とロシアの間でベルリン条約が締結された。

第3章 大陸から海を目指すロシア 57

東アジア進出の野望と
日露戦争の敗北

　南下政策の本命であるバルカン半島方面への勢力拡大は、ヨーロッパ列強を刺激し、たびたび挫折しました。アレクサンドル2世は列強に追いつこうと近代化をめざす国政改革を進め、鉄道建設や鉱山業などが躍進して経済が発展します。対外政策では南下政策の矛先を再び東アジアへと向け、日本との新たな対立を生み出すことになっていきました。

勢力拡大の方向は東アジア方面へ

　列強の干渉による1878年のベルリン条約で、ロシアは露土戦争の勝利で得たものの多くを手放しました (→P56)。以降ロシアは東アジア方面への進出に、より力を入れるようになります。

　東アジアへの本格的進出のために、ロシアはヨーロッパ、ロシアと極東アジアを結ぶシベリア鉄道の敷設を開始しました。鉄道インフラの整備は地域を結びつけるだけでなく、当時としては素早く多くの人員や物資を輸送し、遠隔地で軍隊を活動させることを容易にするからです。また、日本への三国干渉 (→P16) で清へ返還させた旅順を租借地とするなど、満洲を自国の勢力圏下に置くべく、周囲を固めていきました。

極東でも阻まれるロシアの南下政策

　東アジアでロシアがとった動きは、日本だけでなく、全ユーラシアでロシアの南下政策と対峙していたイギリスをも刺激し、ロシアを封じ込めるために日英同盟が結ばれます (→P16)。東アジアの植民地の権益を守りたいイギリスと、ロシアに対抗するために列強の後ろ盾を得たい日本との利益が合致したのです。1904年日本が宣戦布告した日露戦争 (→P16) は、イギリスの協力のもと日本が勝利。戦争に敗れたロシアはここでも南下政策に失敗しました。

▼ シベリア鉄道路線図

シベリア鉄道建設

1891年ロシアは東アジア進出のために、シベリアを横断するシベリア鉄道の建設を着工、1896年にはチタから中国領内を通り、ウラジオストクまでを結ぶ東清鉄道の建設も開始します。ロシアは三国干渉で日本から遼東半島を清に返還させた見返りとしてこの利権を手に入れたのです。さらに、チタとウラジオストクの中間のハルビンから旅順を結ぶ南満洲支線の敷設権も手に入れますが、日露戦争の敗戦によりロシアは南満洲の鉄道利権を日本に奪われることになります。日本は1906年長春から旅順間の鉄道と沿線の鉱山開発などを行う南満洲鉄道を設立して、満洲に進出しました。

ロシア帝国の後継
としてのソ連

第一次世界大戦の思わしくない戦況や戦時体制下の疲弊から、ロシア国内の専制政治への不満は大いに高まり、政府では抑え切れなくなります。その結果、戦時中の1917年にはロシア革命が起き、1922年ソビエト社会主義共和国連邦（ソ連）が生まれました。ソ連はロシア帝国の領域をほぼ引き継いだだけでなく、拡張主義の面も引き継ぎました。

ロシア帝国の後継者、ソ連

水兵の反乱を発端に進展したロシア革命で、ニコライ2世は退位することになり、ロマノフ朝が幕を下ろしました。次に、革命後の混乱のなかで、ソビエト[※1]を通じてボルシェビキ[※2]が影響力を強め、ソビエト・ロシアが誕生します。

このソビエト政権と反革命勢力との間で内戦が起き、諸外国が社会主義革命の波及を恐れて、反革命勢力側について干渉戦争となりました。干渉戦争では、アメリカ、イギリス、フランスなどが社会主義政権打倒を目指して反革命勢力を支援して兵を送り込み、日本もシベリアに10万人を超える兵を送り込んでいます。

内外からの挑戦を退けた後、旧ロシア帝国内にできた各ソビエト政権が参加するという形式で、ソビエト社会主義共和国連邦となります。ただし、ソビエト政権を担う各共和国の共産党は、ロシア共産党の支部であったことを考えれば、実質強制といえます。さらに各地のソビエト政権のなかには、ウクライナのように民族運動を潰して成立させたものもありました。

こうして、国としての体裁は変わっても、南下政策をはじめとするロシアの拡大はソ連になっても変わることはありません。第二次世界大戦前後や冷戦期も、ソ連は機会を逃すことなく積極的に勢力を拡大します。それは、まさしくロシア帝国の後継者としての振る舞いでした。

▼ ロシア帝国の領土（19世紀）

▼ ソビエト連邦の構成国家

ロシア帝国から ソビエト連邦へ

ロシア帝国は1613年に成立したロマノフ朝で大国となり、最盛期にはユーラシア大陸に広大な領土を持っていました。1922年旧ロシア帝国に白ロシア（現在のベラルーシ）、ウクライナ、ザカフカース（現在のアゼルバイジャン、アルメニア、グルジア）が加わって、世界最大の多民族連邦国家、ソビエト社会主義共和国連邦が成立しました。

※1　**ソビエト**：労働者、農民、兵士らによる評議会。
※2　**ボルシェビキ**：マルクス主義者の政治勢力の内、レーニンに率いられた左派勢力。ロシア語で多数派を意味する。後のロシア共産党。

column
地政学の基礎知識

地政学用語 ①

シーパワー（海洋国家）

国土全体が海に囲まれている、あるいは国土の大部分が海洋に面している土地に拠点を置き、海上交通を活用することによって国力の増大を図る勢力のこと。マハンが『海上権力史論』で提唱した。アメリカ、イギリス、スペイン、オランダ、日本などがこれにあたる。

ランドパワー（大陸国家）

大陸の内部に拠点を置き、陸続きで他国と国境を接し、騎馬、鉄道、自動車など陸上交通の発達によって国力の増大を図る勢力のこと。地形に大きな制約を受ける。ロシア、ドイツ、フランス、中国などがこれにあたる。

ハートランド

ユーラシア大陸の中央部で、シーパワーの影響が及ばない地域。イギリスの地理学者マッキンダーは、ハートランドを制する国家が全世界を支配するであろうと考えた。（→ **P48**）

リムランド

ハートランドの外縁部で外洋に直接アクセスできる地域。シーパワーとランドパワーの両方を持ち合わせている国が含まれる。ランドパワーとシーパワーの衝突する地帯でもある。アメリカの地政学者スパイクマンの造語で、マッキンダーの理論では「内側の三日月地帯」と呼ばれていた。

第4章

大陸国家かつ海洋国家アメリカ

大陸国家
アメリカ合衆国

　15世紀末のコロンブスによる"新大陸発見"以降、ヨーロッパからアメリカ大陸へ入植者がやってくるようになりました。時を経て1775年北米東岸部のイギリス領の植民地が本国から独立してできたアメリカ合衆国は、西へ領土を広げて太平洋岸に達しますが、その過程で合衆国史上最大の危機ともいえる南北戦争が起こります。

入植者による本国からの独立

　北米の大西洋沿岸における植民地は、ヨーロッパ列強間の戦争に連動した争奪戦の結果、18世紀半ばには13州のイギリス領となりました。イギリス領となった北米13州の植民地では、年々イギリス本国の都合で植民地に負担を押し付けるような政策への不満が募った結果独立の気運が高まり、本国との緊張が増していきます。やがて、1775年イギリス軍と植民地側との間で衝突が起き、翌76年には各植民地の代表が集まる大陸議会で独立宣言が出されました。軍事紛争は正式に独立戦争となり、1783年パリ条約でイギリスが13州の独立を承認、アメリカ合衆国が成立します。

分裂の危機を乗り越え大国へ

　独立を達成したアメリカでは、買収や戦争による併合で西部開拓が進み、開拓された地域には先住民を押し退けて入植者たちが進出しました。西へ国境を広げる一方で、資本主義社会へ進む北部とプランテーション^{※1}で奴隷制度に頼る南部の違いが顕在化してきます。産業構造の違いからイギリスとの通商政策での利害が衝突、1861年南部諸州が合衆国から離脱し連合国として独立しますが、独立を認めない合衆国との間に南北戦争が勃発しました。1865年勝利した合衆国により南北アメリカは再統合されることになります。

64

▼ アメリカ合衆国の拡大

	獲得年	地域	相手国
①	1783年 独立	(東部)13州	イギリス
②	1783年 割譲	ルイジアナ（ミシシッピ以東）	イギリス
③	1803年 買収	ルイジアナ（ミシシッピ以西）	フランス
④	1818年 割譲	ニューダコタ	イギリス
⑤	1819年 買収	フロリダ	スペイン
⑥	1845年 併合	テキサス	テキサス共和国
⑦	1846年 併合	オレゴン	イギリス
⑧	1848年 割譲	カリフォルニア、ニューメキシコ	メキシコ
⑨	1853年 買収	ニューメキシコ南部	メキシコ
⑩	1867年 買収	アラスカ	ロシア

※1 **プランテーション**：大規模農園やそこでの作物の大量生産のこと。安い労働力として、奴隷が使用されたこともあった。

第4章 大陸国家かつ海洋国家アメリカ | **65**

フロンティアの消滅と海外進出

　1890年アメリカは、フロンティア（未開地）の消滅を宣言しました。ここから中南米地域、つまり海外へ進出していきます。キューバやプエルトリコの島嶼部を得てカリブ海域を押さえ、パナマ地峡部を領有していたコロンビアからパナマ地域を独立させました。そして、太平洋と大西洋をつなぐパナマ運河を建設し海外進出を加速させていきます。

棍棒外交という名前に象徴されるカリブ海政策

　19世紀半ばメキシコとの戦争によりカルフォルニア一帯を得たことで、東は太平洋、北はカナダ（1867年イギリス自治領として独立）、南はメキシコ（1821年独立）に挟まれて、アメリカの地続きの拡大は終息しました。1890年フロンティアの消滅が宣言され、以降は海を経由した対外進出へと方針が切り替わります。アメリカの新たな目標は、自国の南側に広がるカリブ海の内海化です。1898年スペインとの米西戦争に勝利し、同年のパリ条約でスペインからキューバを独立させました。しかし、アメリカは1902年に制定されたキューバ憲法に基地の設置や外交の制限などさまざまな条件を付けて（プラット条項）、キューバを事実上アメリカの保護国とします。米西戦争では、プエルトリコもアメリカが領有することになりました。

　アメリカのカリブ海進出のもうひとつのハイライトは、パナマ運河の建設と領有です。海外進出のために必要な海軍の効率的な運用のためには、太平洋と大西洋をつなぐ運河が必要と考えたのです。1903年コロンビアからパナマを独立させて運河の建設を開始、1914年に完成させると、運河一帯を租借地としました。この要所を安全なものとするために、武力を背景としたカリブ海政策（棍棒外交[※1]）が展開されることになります。そして、カリブ海域や沿岸の中南米諸国はアメリカの強い影響下に置かれることになったのです。

▼カリブ海周辺地域

パナマ運河

1914年開通したパナマ運河は、現在も世界でもっとも重要な海上交通路のひとつです(→P90)。パナマ運河ができるまで、ニューヨークからサンフランシスコに船で向かうには、南米大陸の最南端を迂回する必要がありましたが、運河の開通で約半分の距離で到達することができるようになりました。アメリカがパナマに運河の所有権を返還したのは、1999年のことです。

※1 **棍棒外交**：穏やかに話すと同時に棍棒を携帯するという、セオドア・ローズベルト大統領の言葉から生まれた、当時のカリブ海政策を象徴する単語。

アメリカ合衆国と
ラテンアメリカ諸国

18世紀末から19世紀初頭のナポレオン戦争で宗主国スペインの植民地への支配力が弱まると、中南米諸国が次々と独立しました。そうした情勢のなか、1823年アメリカのモンロー大統領がモンロー宣言を発表します。これはヨーロッパ諸国とアメリカ大陸との相互不干渉を表明したもので、以降モンロー主義はアメリカの外交政策の原則となりました。

植民地政策におけるヨーロッパ諸国の勢力の変化

モンロー宣言でアメリカは、西半球におけるヨーロッパ諸国の植民地政策が拡大することへの反対を表明しました。これはヨーロッパ諸国への牽制となり、独立の後押しにもなったので、中南米諸国からは好意的に受け取られていたようです。ただ、牽制とはいうものの、宣言当時のアメリカはヨーロッパ列強の干渉を実力で排除する国力をまだ持ち合わせていませんでした。実際にはナポレオン時代のフランスを彷彿させるような突出した存在を望まないヨーロッパ諸国の勢力均衡によって、南北アメリカ大陸諸国への干渉にブレーキがかけられていたといえます。

勢力圏拡大の範囲を示したモンロー宣言

表向きは独立を目指す中南米の国々を支援する目的でしたが、モンロー宣言を表明したアメリカの本当の狙いは、勢力拡大の範囲を示すこと、つまり自国の主張する縄張りの範囲を示すことにありました。また、当時アラスカを植民地としていたロシアが太平洋岸を南下する動きを見せていたため、ロシアのアメリカ大陸進出に対する牽制という意味もあったのです。アメリカ大陸全域に力を伸ばそうとするモンロー主義を基本とするアメリカの外交理念は、以降20世紀まで続くことになります。

▼1820年代の南北アメリカ大陸

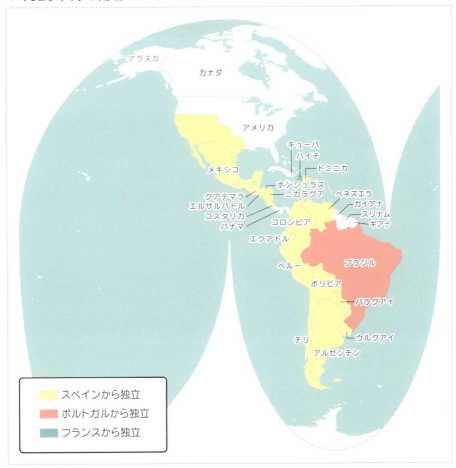

独立した年	国名	相手国
1804年	ハイチ	フランス
1811年	ベネズエラ	スペイン
1811年	パラグアイ	スペイン
1816年	アルゼンチン	スペイン
1818年	チリ	スペイン
1819年	コロンビア	スペイン
1821年	ペルー	スペイン
1821年	メキシコ	スペイン
1821年	グアテマラ	スペイン

独立した年	国名	相手国
1821年	ホンジュラス	スペイン
1821年	エルサルバドル	スペイン
1821年	ニカラグア	スペイン
1821年	コスタリカ	スペイン
1821年	ドミニカ	スペイン
1822年	エクアドル	スペイン
1822年	ブラジル	ポルトガル
1825年	ボリビア	スペイン
1828年	ウルグアイ	スペイン

アメリカ合衆国の
アジア進出

　北米大陸でのフロンティアが消滅したアメリカの海外進出は、太平洋の島々からアジア方面にまで及びました。米西戦争でフィリピンを領有したことにより、アメリカも帝国主義的な世界分割に参加するようになります。そしてフィリピンを足場にして、アジア市場への進出を図るようになるのです。

米西戦争でアジア太平洋方面への足場を得る

　北米大陸での拡大を終えたアメリカは、海洋へも進出を始めます。日本にも1853年アメリカ海軍のペリーが来航しました（黒船来航）。来航の目的は、当時、需要の高かった鯨油を捕る捕鯨船が太平洋で活動するときの物資補給や、アジアで通商を行う際の中継点として、日本に開国を求めるものでした。まだ太平洋航路も確立されておらず、パナマ運河（→P66）も無い時代だったため、ペリー艦隊は大西洋からインド洋を経由して日本に来ています。

　1898年にはスペインと米西戦争を起こします（→P66）。スペイン領キューバに停泊中の米海軍艦艇メイン号が謎の爆沈を起こし、これはスペインの謀略だとして戦争を仕掛けたのです。この結果、太平洋方面では、スペインからフィリピンやグアム島を奪いました。フィリピンはアメリカが得た初の海外植民地となったのです。また、米西戦争の同年には、軍港の使用権を得ていたハワイを併合しています。これらの太平洋に浮かぶ大小の島々を得て、アメリカはアジア市場進出の足場を固めることができたのです。

　次にアメリカは清朝に関して、1899年各国へ門戸開放宣言を発表しました。これは清での通商権や関税を各国平等にするべきであるという要求です。中国分割（→P44）に乗り遅れたために、中国への経済進出を果たすにはこういう方法しかなかったのです。

▼アメリカの太平洋進出

太平洋進出の拠点となるフィリピン

1898年米西戦争に勝利したアメリカは、フィリピンを獲得します。スペインの植民地からの独立を目指していたフィリピンは、アメリカの領有に激しく抵抗しますが、アジア進出の拠点として支配の基盤を固めたいアメリカは武力で押さえつけることでフィリピンを統治しました。

※1 **ハワイを併合**：18世紀末に建てられたハワイ王国は19世紀に入るとアメリカ人の来航が相次ぎ、入植してきたアメリカ人に政権を握られ併合にいたった。

太平洋戦争へ向かう日本との対立

　アジア市場での機会均等を求めるアメリカにとって、日露戦争に勝利して中国大陸での影響力を強める一方の日本の存在は、煙たいものとなりました。その後も日本が中国での権益を独占しようとすればするほど、アメリカは日本への警戒心を高めて関係が悪化します。そして、関係悪化の頂点は、ついに日米間の戦争となりました。

日米戦争を引き起こした中国権益の対立

　日露戦争当時は戦費の調達への協力や戦争終結においても仲介の労をとるなど、日本寄りの姿勢を見せていたアメリカですが、列強に名を連ねるようになった日本が中国での権益拡大に邁進するようになると、日本の行動に対して警戒心を抱くようになります。

　アメリカは1921〜22年ワシントン会議で、日英仏とアジアでの互いの領土尊重と問題の平和的解決を約束した四ヵ国条約を結び、同時に九ヵ国条約で中国の主権尊重と領土保全を確認しました（→P28）。ワシントン会議で決まった東アジア・太平洋地域の国際秩序（ワシントン体制）によって、アメリカは日本の大陸進出を平和裏に阻止することに成功したのです。

　しかし、このワシントン体制は長続きしませんでした。蒋介石の国民党軍が北伐[※1]を開始したことで、満洲での権益が侵されるのを危惧した日本は1931年満洲事変（→P20）を起こして満洲全土を占領し、満洲国を成立させたのです。以降、日本の支那事変（→P22）やフランス領インドシナ進駐といった行動に対し、アメリカは中国への支援や日本への経済制裁で対応します。そして両国の関係悪化は、ついに日本の真珠湾攻撃という形で戦端を開くこととなりました。この約4年続いた太平洋戦争でアメリカは完勝し、日本を含むほぼ太平洋全域を勢力圏下にしています。

▼第二次世界大戦後の太平洋

太平洋の勢力圏

1941年の太平洋戦争開戦時から半年で、日本は西太平洋を勢力化に置きます。しかし、翌年のミッドウェー海戦で敗北を喫して以降、日本軍が拠点とする太平洋の島々に次々とアメリカ軍が上陸。日本の戦況は悪化し、撤退を余儀なくされました。

※1 **北伐**：1926年から行われた中国国民党の蒋介石による軍閥政府打倒の軍事行動。途中の上海クーデター（→P46）で中国共産党を粛清し、1928年中国国民党によって中国が統一された。

アメリカ合衆国とヨーロッパ

　モンロー宣言以来アメリカは、ヨーロッパ諸国への不介入という原則をつらぬいていましたが、第一次世界大戦への参戦から、外交姿勢を大きく転換しました。2つの大戦によって列強国が没落するなかで着実に力を伸ばしたアメリカは、国際社会のリーダーとして民主主義の理念を掲げ、ヨーロッパで共産主義の拡大を図るソ連と対立するようになります。

世界最強国となり民主主義諸国を主導

　1914年第一次世界大戦が勃発すると、アメリカはしばらく中立の立場を保っていました。しかし、ルシタニア事件[※1]をきっかけに、軍国主義から民主主義を守るために参戦すべきとの世論が高まり、1917年ドイツに宣戦布告します。アメリカは多額の軍事資金をイギリスやフランスに提供していたので、連合国が敗北すると資金の回収が難しくなることも懸念していたのです。アメリカ軍が戦線に投入されたことによりドイツの敗戦が決定的となり、1918年第一次世界大戦は終結しました。

　1939年第二次世界大戦の開戦当初もアメリカは中立を表明しますが、イギリスの要請を受け軍事援助に踏み切ります。さらに1941年8月アメリカ大統領ローズヴェルトとイギリス首相チャーチルが首脳会談を行って大西洋憲章を発表し、対ファシズム[※2]戦争という目的を明らかにしました。同年12月日本の真珠湾攻撃をきっかけに参戦。海、陸、空を制したアメリカが圧倒的な強さを見せつけて、第二次世界大戦は終了します。

　第二次世界大戦中はドイツを倒すために手を組んでいたアメリカとソ連ですが、戦後は対立の兆しが現れます。共産主義を拡大させようと考えるソ連と、共産主義を拡大させたくないアメリカとの対立はヨーロッパを二分し、世界は冷戦と呼ばれる状態へと突入するのです。

▼ 第二次世界大戦後のヨーロッパ

鉄のカーテン

冷戦時代にソ連が統制する東ヨーロッパ諸国の共産主義政権と西側の資本主義政権とが敵対している状況は「鉄のカーテン」と呼ばれていました。ドイツは東西に分断されています。ユーゴスラビアとアルバニアは社会主義国ですが、ソ連とは距離を置いていました。

※1 **ルシタニア事件**：第一次世界大戦中、アイルランド沖でドイツ潜水艦がイギリスの豪華客船ルシタニア号を撃沈。1000人以上の犠牲者のなかに100人余りのアメリカ人が含まれていた。
※2 **ファシズム**：自由主義を否定し一党独裁による専制主義・国粋主義をとり、対外的には侵略政策をとる政治体制のこと。

column

地政学の基礎知識

地政学用語②

チョークポイント

海上水路の重要地点のこと。海上交通量の多い運河や海峡のような場所を指す（→P90）。

シーレーン

有事の際に、国家の存立、国民の生存のため、あるいは戦争遂行のために確保しなければならない海上交通路のこと。

不凍港

高緯度であっても、潮流の影響などで、冬季でも海面が凍らず、一年中使用できる港湾のこと。

緩衝地帯

対立する国と国との間に位置し、強国間の衝突の危険性を緩和する役割をする地域のこと。

非武装地帯

条約や協定によって、軍事活動が禁じられた地域のこと。隣接する勢力間の衝突を避けるために設けられている。

回廊地帯

他国へ突き出した細長い領土のこと。内陸国から海に抜ける、領土と飛び地を結ぶなどの目的がある。

第5章

海洋国家イギリス

大陸国家から
海洋国家へ

　イギリスは12世紀から15世紀にかけてヨーロッパ大陸に広大な領土を持っていましたが、百年戦争の敗北により大陸の領土をほぼすべて失うことになりました。しかし、大航海時代に乗って北米の探検を行い、また西ヨーロッパ随一の強国スペインが押さえるカリブ海でイギリスの私掠船が大暴れするなど、海洋国の片鱗も見せます。

大陸領を失い海洋国家へ

　ローマ帝国に統治されていたイギリスは、4世紀末にゲルマン人の大移動が始まるとゲルマン人の一派であるアングロ・サクソン族が侵入してきます。部族が分立して王国を割拠する時代を経て、1066年イギリスはフランスのノルマンディー公国に征服され、ノルマン朝がつくられました。ノルマン朝断絶後の1154年にはフランスの貴族であるヘンリ2世がプランタジネット朝を創始し、プランタジネット朝はフランスの広大な土地も支配下におきます。

　イギリスが大陸に領土を広げたことで生まれたフランスとの摩擦は、14世紀半ばから15世紀半ばにかけての長い戦争となりました（百年戦争）。結果敗戦したイギリスは大陸の領土をほぼ失い、以降大陸情勢と距離を置いて海洋国家として独自の道を歩むようになります。

　エリザベス1世が統治するテューダー朝の時代の1585年イギリスとスペインとの関係が決定的に悪化し、英西戦争が起きました。宗教対立だけでなく、スペインが押さえる新大陸での私掠船による海賊行為や、オランダの独立運動への支援などのイギリスの敵対行為がスペインの怒りを買ったのです。当時最強と恐れられたスペインの無敵艦隊によるイギリス上陸はイギリス艦隊の奮戦で阻止され（アルマダの海戦）、これを機にイギリスは海洋帝国としての歴史を歩んでいきます。

78

▼ カボット親子の北米探検

コロンブスに次ぐ大西洋横断

1497年カボット親子はイギリス王の公認でアジアへの航路探検に出発し、大西洋を横断します。1664年列強植民地時代のイギリスはオランダの植民地になっていたニューアムステルダム（現在のニューヨーク）を「カボットによって最初に発見された地域はイギリス領である」と主張し、オランダから奪取しました。

▼ アルマダの海戦

スペイン無敵艦隊を破る

1588年スペインはイギリスに無敵艦隊（アルマダ）を送りこみます。当時最強とされていたスペイン艦隊でしたが、イギリス海峡の戦闘で苦戦。北海を経て大西洋に出ますが、アイルランド沖で嵐にあい、壊滅状態に陥りました。

※1　**私掠船**：敵国船舶への海賊行為の許可を国王などから得た民間の船。
※2　**オランダ**：スペインの領土で、スペインにとっては毛織物など主要輸出品の生産地でもあった。

第5章　海洋国家イギリス　79

第一次大英帝国の
繁栄と衰退

　17世紀に入りスチュアート朝時代のイギリスは、北米への植民地建設、東インド会社の設立と海外進出が本格化します。スペインに代わって台頭してきたオランダとの海洋覇権をかけた争いや、ヨーロッパでの戦争に連動した植民地争奪戦で勝利をおさめ、イギリスは海洋国家として台頭していきました。

オランダに勝って海洋の覇権を握る

　イギリスの海外進出が本格的に始まったことを象徴するのが、1600年東インド会社設立と1607年ジェームズタウン建設[※1]です。東インド会社のアジア貿易は一時日本の平戸に商館を開設するまで通商路を伸ばしましたが、1623年のアンボイナ事件[※2]以後、オランダの勢力が強い東南アジアを避けて、インド方面に力を入れるようになりました。しかし、1652年から三度にわたる英蘭戦争ではイギリスが勝利をおさめ、以降世界各地のオランダの海上覇権をイギリスが奪います。

失政から北米植民地の独立を許すことに

　英蘭戦争でオランダに競り勝ったイギリスの次の敵はフランスです。ヨーロッパで戦争が起きるとイギリスはフランスを牽制するため常に敵対する側に付き、北米やインドでは第二次百年戦争と呼ばれる植民地争奪戦を繰り広げました。17世紀末から18世紀半ばにかけて断続的に続いたそれぞれの戦争で、北米やインドでのイギリスの優位が確定していきます。しかし、たび重なる戦争の費用の調達をフランスに勝利して拡大した北米植民地への課税で賄おうとしたために植民地側が反発、独立運動が起こって戦争に発展します。結果イギリスは敗れ、1783年アメリカ合衆国の独立を許してしまいました（→ P64）。

▼ イギリスの北米植民地（18世紀中頃）

英仏植民地戦争

17世紀末から18世紀半ばにかけてのウィリアム王戦争、アン女王戦争、ジョージ王戦争、フレンチ＝インディアン戦争で、イギリスが北米での覇権をつかみます。アン女王戦争後のユトレヒト条約とフレンチ＝インディアン戦争後のパリ条約によりイギリスは北米の大部分を手に入れ、フランスは北米大陸から撤退しました。

▼ インド進出

フランスを破りインドを独占

イギリスとフランスは同時期にインドに進出し、綿製品の輸入の独占をめぐって対立します。3回にわたるカーナティック戦争（❶）とプラッシーの戦い（❷）で敗れたフランスは、インドから撤退。さらにイギリスはオランダからセイロン島を奪い、マイソール王国、マラータ同盟、シク王国を滅ぼしました。19世紀半ばにはインドのほとんどの地域がイギリスの支配化となります。

※1 **ジェームズタウン建設**：後にバージニア植民地となる永続的な北米植民地の初の成功例。
※2 **アンボイナ事件**：モルッカ諸島アンボイナのオランダ商館が、日本人、ポルトガル人を含むイギリス商館員を、オランダ商館襲撃を計画したとの疑いで拷問・虐殺した事件。

第5章 海洋国家イギリス 81

産業革命の成功と植民地の拡大

　18世紀半ばに他国に先駆けて産業革命を達成したイギリスは国力を大きく伸ばし、19世紀に入るとビクトリア女王の治世で黄金期（パクス・ブリタニカ）を迎えます。増大した生産力は市場を求め、インドが完全に植民地化されました。さらに海外との貿易を制限していた清も力づくで開国させられます。

インドを完全に植民地化し中国にも進出

　1789年のフランス革命後、その飛び火を恐れたイギリスは周辺国と対仏大同盟^{※1}を組織して干渉しました。その後、ナポレオンの登場により大陸部の覇権を握ったフランスは、1806年イギリスをヨーロッパ市場から締め出す大陸封鎖令（→ P52）を発布します。

　しかし、18世紀から産業革命が進展し続け向上した生産力による大量の製品を売りさばきたいイギリスは、これを機会にヨーロッパ以外の市場を開拓すべく、植民地など自国の影響圏を拡大させました。19世紀に入りラテンアメリカに独立の動きが出てくると、ラテンアメリカを自国の工業製品の市場にしようと考え、独立を支持することを発表します。

　すでに植民地化が進んでいたインドは、強引にイギリス製品の市場とされていきました。これに反抗して起きたインド大反乱^{※2}を鎮圧、イギリスはインドの植民地化を完成させます。

　さらに自国製品の市場拡大を目論むイギリスは、東アジアにも手を伸ばしました。イギリスのアヘン貿易を阻止しようとした清をアヘン戦争、アロー戦争で破り、それぞれ1842年に南京条約、1860年に北京条約を結びます（→ P44）。条約の内容は、関税を自由に決められないなど、イギリスが清を自国の工業製品の市場とするために都合のよいものでした。

▼ パクス・ブリタニカ(第二次大英帝国)

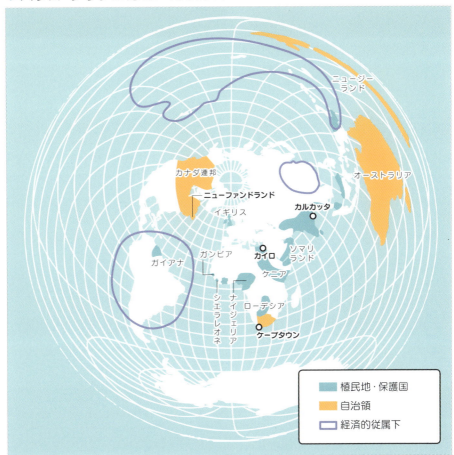

(「どこでも方位図法」(株)オンターゲット/CC BY-SA 4.0)

五大自治領	
カナダ連邦	フランス系の人々やアメリカ独立戦争を逃れてきた人々が中心となる
オーストラリア	1850年代金鉱採掘を目的に大量の移民が訪れる
ニュージーランド	19世紀後半のマオリ戦争で土地のほとんどがイギリス人の所有となる
ニューファンドランド	英仏植民地戦争の末、1713年ユトレヒト条約でイギリスが領有
ケープ植民地	19世紀初頭オランダ系入植者の自治領にイギリスが軍事攻勢をかけて獲得

※1 **対仏大同盟**:フランス革命の拡大を阻止することを目的としたヨーロッパ諸国の軍事同盟。
※2 **インド大反乱**:1857〜59年インド兵の反乱を発端として後に農民や市民も加わった大反乱。セポイの反乱とも呼ばれる。

第5章 海洋国家イギリス | **83**

ロシアとの対立から和解への道程

　拡大するイギリスの植民地や勢力圏は、ユーラシア大陸のさまざまな場所で同じく拡大を続けるロシアの勢力圏と隣接するようになります。イギリスとロシアの競合は、ときとして戦争にまで発展することもあり、日露戦争では日本を援助していたイギリスですが、その後ドイツという新たな脅威の出現により、ロシアと和解しています。

ロシアの南下を食い止めた後に協力関係を結ぶ

　イギリスにとって、世界各地の自国の植民地の重要度はいうに及ばず、植民地に隣接する地域の安定や、本国イギリスまでを結ぶ通商路の安全の確保も必須のことでした。しかし、不凍港（→P76）を求めて南下政策（→P50）を続けるロシアがそれを脅かします。両国の対立はバルカン半島やトルコ方面では東方問題[※1]としてクリミア戦争（→P54）を招き、東アジアでは対ロシア対策として日英同盟（→P16）が締結されました。このイギリスとロシアの対立状態は、ほぼ19世紀を通じて続くことになり、ユーラシア全域でのイギリスとロシアの駆け引きはグレートゲームと呼ばれています。

　ユーラシア内陸部からイギリスにとってもっとも重要な植民地であるインドへ向かう際の通り道になる現在のアフガニスタンの地域は、イギリスとロシアがそれぞれに進出を試みましたが、1907年日露戦争後のロシアにイギリスがアフガニスタンの保護国化を認めさせることで決着しました。

　アフガニスタン保護国化の内容を含めた英露協商の締結でイギリスとロシアは和解、先にロシアがフランスと結んでいた露仏同盟[※2]、イギリスがフランスと結んでいた英仏協商[※3]と合わせて、三国協商と呼ばれる協力関係が生まれます。この英露の和解は両国がともに脅威を覚えるドイツの台頭が背景となっているのです。

84

▼ 20世紀初頭の中東勢力図

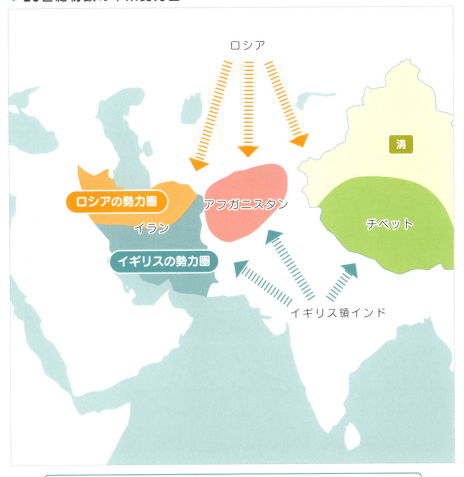

英露協商の内容

1. イランは両国で勢力圏を分割する
2. ロシアはアフガニスタンがイギリスの保護国であることを認める
3. チベットは相互不干渉とする

※1 **東方問題**：オスマン帝国の混乱にヨーロッパ諸国が介入して起こった抗争。
※2 **露仏同盟**：1891〜94年に成立したロシアとフランスの政治・軍事同盟。1917年まで存続した。
※3 **英仏協商**：1904年イギリスとフランスの間に結ばれた協定。両国の勢力範囲の調整を図った。

| 第5章 海洋国家イギリス | **85**

世界大戦へ向かった
ドイツとの対立

　19世紀後半から20世紀初頭にかけて、帝国主義まっさかりのヨーロッパ列強による世界の分割が急速に進みます。すでに世界各地に植民地を持つイギリスは、この世界分割競争で優位に立っており、後発の国からの挑戦を受ける立場でもありました。そして、ドイツの中東進出への対応が迫られるようになったのです。

イギリスとドイツの対立を象徴する3C政策と3B政策

　長らく諸邦に分裂していたドイツ地域が、1871年プロイセンにより統一されると、中欧にドイツ帝国という一大勢力が生まれました。しかし、ドイツは大きな国力とは裏腹に、植民地獲得競争では出遅れていたのです。ドイツの二代皇帝ヴィルヘルム2世は、それまでの方針を変えて積極的に海外進出を行い、3B政策と呼ばれるものを打ち出しました。3B政策とはベルリンからイスタンブル（旧名ビザンチウム）経由でバクダードに向かう鉄道敷設計画で、中東への進出を目論んだものです。

　ドイツの中東へのベクトルは、インドからイギリスへいたる道、通称エンパイア・ルート※1を脅かしかねないものでした。イギリスにとって、エンパイア・ルートの保持は自国の存亡に関わることで、絶対に守るべきものというのが当時の外交政策の基本です。そのため、イギリスは3C政策を構想しました。3C政策とはスエズ運河のあるエジプトのカイロ、喜望峰のある南アフリカのケープタウン、インド経営の拠点カルカッタをそれぞれ結んだ地域を自国の勢力圏にすることで、エンパイア・ルートの安全を図ろうというものです。

　この3B政策と3C政策の衝突で、イギリスがドイツへの危機感を募らせたことは、三国協商成立（→P84）の一因にもなりました。そして、三国協商とドイツとの対立構図は、ほぼ第一次世界大戦の対立構図となるのです。

86

▼3C政策と3B政策

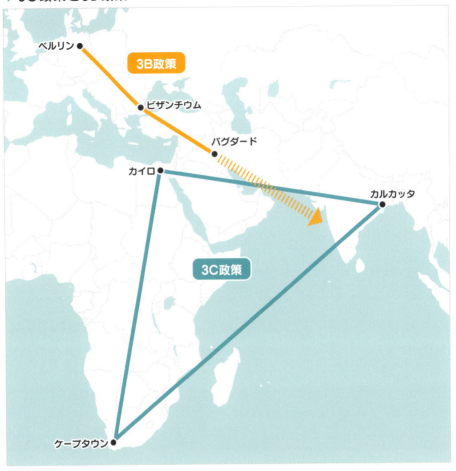

3C政策（イギリス）
Cairo（カイロ）
Cape Town（ケープタウン）
Calcutta（カルカッタ）

3B政策（ドイツ）
Berlin（ベルリン）
Byzantium（ビザンチウム）
Baghdad（バグダード）

※1 **エンパイア・ルート**：イギリスから地中海を通って、インドに向かうルート。

第5章 海洋国家イギリス 87

独立する植民地と
大英帝国の解体

　世界が初めて経験することになった第一次世界大戦での総力戦は、勝者側のイギリスにとっても極めて大きな疲弊を招きました。そして、19世紀後半にはすでに陰りが見え始めていた覇権国家としての国力や影響力も明らかに弱まります。それはほかの列強国へ対してだけでなく、植民地など自国の勢力圏下への支配力の低下にもつながりました。

独立運動を押さえられずに譲歩した斜陽のイギリス

　第一次世界大戦が終わった後、世界各地でナショナリズムが高揚し始めます。アメリカとソ連が民族自決[※1]を唱えたことが、ナショナリズムの高まりを後押ししたのです。数多くの植民地を抱えるイギリスは民族自決には反対ですが、独立や自治など譲歩せざるを得ないケースも出てきました。

　最重要の植民地インドにも、1919年、35年の統治法で、徐々に自治を与えます。アフガニスタンには、1919年第三次アフガン戦争で独立を認めました。1921年にはオスマン帝国から大戦で奪ったイギリスの委任統治領に、イラク王国とヨルダン王国を成立させます。1936年にはスエズ運河は保持しつつ、エジプトの軍事占領を終了させています。

　1921年に一度保護国化したイランには、1925年クーデターで興ったパフレヴィー朝に独立を認めます。その後もイギリス資本の会社がイランの石油利権を独占していましたが、1951年イランが石油の国有化を断行、イギリスは国際裁判所に提訴しますが棄却され、保持していた石油利権を手放すことになりました。1956年にはエジプトがスエズ運河の国有化を発表します。事実上運河を保有していたイギリスはこれに反発してフランスとともにエジプトを攻撃（第二次中東戦争）しますが、国際世論が英仏を非難、最終的に防戦一方だったエジプトがスエズ運河国有化を成功させました。

▼ 各国の工業生産比の推移

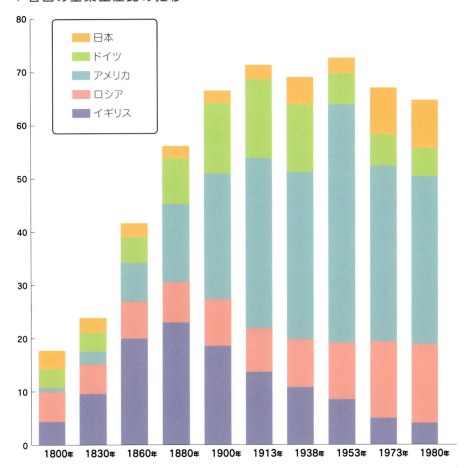

出展:「International Industrialization Levels from 1750 to 1980」

世界におけるイギリスの工業力

19世紀は他国に先駆けていち早く産業革命を達成し「世界の工場」と呼ばれたイギリスの経済が世界をリードしますが、新生ドイツ帝国や南北戦争後のアメリカが急速に工業生産を伸ばしました。19世紀末には「世界の工場」から「三大工業国」のひとつとなり、以降二度の世界大戦を経てイギリスの世界に占める工業生産力の割合は減少の一途をたどります。

※1 **民族自決**:各民族は自らの意志に基づいてその運命を決定するべきであり、他民族や他国家の干渉を認めないとする集団的権利。

column
地政学の基礎知識

世界のチョークポイント

　チョークとは「首を絞めて窒息させる」という意味です。地政学では、封鎖することで相手を苦しめることができる海上の要衝をチョークポイントと呼びます。たとえば、ヨーロッパからアジア方面へ進むには、地中海からスエズ運河（❹）を通って紅海に出るのが最短ルートになります。スエズ運河が封鎖されれば、大西洋から喜望峰（❼）を回らなければなりません。

　日本が輸入する原油の多くはホルムズ海峡（❺）とマラッカ海峡（❽）を通過します。もしもこのポイントが封鎖されたら、日本へのエネルギーの輸入が途絶えてしまうことになります。

▼ 世界のチョークポイント

東京が中心点の正距方位図法
（「どこでも方位図法」（株）オンターゲット /CC BY-SA 4.0）

第6章

大陸で覇を競うヨーロッパ諸国

主権国家体制
の成立

　16〜17世紀、普遍的な権威として君臨したローマ＝カトリック教会が力を失い、代わって王権が伸長します。ヨーロッパはさまざまな封建領主が乱立する地方分権の状態から、主権者（王）による中央集権化を通じてそれぞれ主権国家としてまとまっていき、同時に主権国家間のルールがつくられて、現在につながる主権国家体制が成立しました。

王権の下での統一国家の確立

　主権国家体制の成立の一里塚としてあげられる16世紀前半に行われたイタリア戦争は、フランスのヴァロワ家と神聖ローマ帝国やスペインを治めるハプスブルク家との戦争でしたが、フランス、スペインだけでなく、現地イタリアの都市国家群や、フランスを支援したイギリスやオスマン帝国などの間でさまざまな外交の駆け引きが行われたことにより、それぞれが同等の主権国家として扱われる新たな国と国との関係のあり方ができていきました。

　この時代に強国と呼ばれたのがスペインです。スペインがイスラム勢力からイベリア半島を取り戻す国土回復運動（レコンキスタ）を通じて王権を強化し、絶対王政と呼ばれる体制を確立すると、次第にフランス、イギリス、オランダなど、他国もひとつの王権の下に国家としてまとまっていきました。こうして強国の地位をめぐる抗争がくり広げられていくのです。

　ドイツは17世紀前半の三十年戦争[※1]の結果、神聖ローマ帝国が解体され、かつて帝国を構成していた領邦は独自に主権を持つ国となりました。そのなかから、絶対王政への道を歩んだプロイセンとオーストリアが、後に大国として台頭してくることになります。つまり、「ドイツ」という国家はこの時代には成立しなかったのです。この三十年戦争はヨーロッパ中を巻き込んだ戦争となり、戦争終結後に結ばれた条約は多国間の国際条約の始まりとなりました。

▼16世紀ヨーロッパの主権国家

主権国家とは

主権とはひとつの国における絶対的かつ恒久的権利で、主権者が明確に定められた国境内の領土を一元的に統治している国のことを主権国家といいます。主権を握るのは当時は王（君主）なので、王が最高の権力を持っていることになります。

※1 **三十年戦争**：新旧の宗教対立（カトリック対プロテスタント）を軸にした、神聖ローマ帝国皇帝と反対派の諸侯との間の争い。戦争終結後の1648年成立したウェストファリア条約で神聖ローマ帝国内の領邦に主権が与えられ、事実上、神聖ローマ帝国は解体した。

ブルボン朝の
繁栄と衰退

　絶対王政を象徴する国といえば、ブルボン朝のルイ14世時代のフランスです。ベルサイユ宮殿を建設した太陽王としても有名なルイ14世は、ヨーロッパ最大の軍事力で何度も戦争を行い、領土を拡大しました。しかし、それによって生じた莫大な戦費はフランス経済を圧迫し、ブルボン朝の衰退とフランス革命の遠因にもなります。

強引な拡大政策で孤立化し、イギリスの台頭を招く

　ブルボン朝がヴァロワ朝からフランスを引き継いだ16世紀末は、内乱で国[※1]内は混乱と疲弊のなかにありましたが、ルイ13世の時代には強化された王権のもとに国がまとまり、三十年戦争（→ P92）に介入してフランスの国際的な威信も高まりました。あとを継いだルイ14世は治世の半分以上を領土拡大の戦争に費やし、ネーデルラント戦争、オランダ戦争、ファルツ戦争により北と東のフランス国境が押し広げられます。これらの戦争では、フランスの領土は東はアルプス山脈、南はピレネー山脈、北はライン川という自然の境界で区切られるべきだという自然国境論が唱えられました。

　しかし、このようなフランスの強引な領土拡張政策は他国の警戒を呼びます。ルイ14世の晩年にあたる18世紀初頭のスペイン継承戦争でフランスは、イギリス、オランダなどと対立し敗北。北米植民地の一部をイギリスに奪われました。続くルイ15世の時代にはイギリスとの抗争が激化、フレンチ＝インディアン戦争でフランスは北米植民地をすべて失います。さらに1757年のプラッシーの戦い（→ P81）ではインドからの撤退を強いられることになりました。

　たび重なる戦争での財政負担に国民は苦しめられ、次第に不満を募らせます。ルイ16世がアメリカ独立戦争（→ P64）の参戦に踏み切ったことがさらに追い打ちをかけて、民衆をフランス革命へ向かわせることとなるのです。

94

▼ 領土拡大を狙うフランス

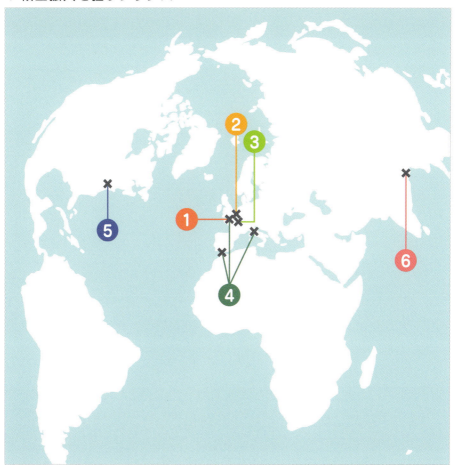

❶	1667-68年	ネーデルラント継承戦争	フランスがスペイン領ネーデルラントを侵略
❷	1672-78年	オランダ侵略戦争	フランスがオランダを侵略
❸	1688-97年	ファルツ戦争	フランスが神聖ローマ帝国の領邦であるファルツを侵略
❹	1701-14年	スペイン継承戦争	ルイ14世が孫をスペイン王の継承者としたことをめぐりフランス・スペイン対イギリス・オランダ・オーストリアが対立
❺	1754-63年	フレンチ=インディアン戦争	北米大陸が戦場となったフランスとイギリスの対立
❻	1757年	プラッシーの戦い	インドのベンガル地方が戦場となったフランスとイギリスの対立

※1　**内乱**：1562年に起こったユグノー戦争と呼ばれる内乱は、宗教対立と貴族の勢力争いが結びつき激しい抗争となった。1598年アンリ4世が個人の信仰の自由を初めて明確にしたナントの勅令を公布し、内乱は終了する。

| 第6章　大陸で覇を競うヨーロッパ諸国 | 95

ナポレオンの
夢と挫折

　ルイ14世の時代からのたび重なる対外戦争はフランス経済を圧迫し、国内には絶対王政への不満が募っていました。国王の課税に対する貴族の反抗は民衆の蜂起へと発展して、1789年フランス革命が起こります。革命により王権は廃止され、初の国民主権の近代国家が生まれました。同時に国に帰属する国民という概念も明確になったのです。

ナポレオンの覇権を阻んだイギリスの海軍力

　1792年以来のフランス革命戦争で、頭角を現した人物がナポレオンです。決して攻勢とはいえない戦況のなか、イタリア戦線の総司令官として派遣され、戦線を建て直します。さらにオーストリアの首都ウィーンに迫り、第一次対仏大同盟（→P82）を崩壊させました。

　フランス民衆の圧倒的人気を得たナポレオンは政治の世界へも進出し、1804年には人民投票で皇帝に即位します。即位と同年オーストリア・ロシア連合軍をアウステルリッツ※1で破り、ヨーロッパ大陸部の覇権を握りました。そして各国の併合や衛星国※2化、大国とも同盟国という関係を結んでフランスに従わせます。

　ところが、フランスの海軍力ではイギリス海峡を渡ることができず、イギリスだけは屈服させることができませんでした。そこでフランスは、大陸封鎖令（→P52）を発令し経済封鎖に出ますが、イギリスとの貿易に頼る国はこれに不満を持ち、まずロシアが離反、制裁のために行われたロシア遠征は大失敗に終わり、ナポレオンの威信は逆に低下してしまいます。さらに、征服した地域の民衆の間に革命の伝播によるナショナリズムと反フランスの気運が高まり、各国は再び対仏大同盟を結成して戦いを挑みました。これに敗れたナポレオンは1814年退位し、ヨーロッパ支配の夢は破れることになります。

96

▼ ナポレオン時代のヨーロッパ

🟧	ナポレオン一族の支配領	スペイン王国、イタリア王国、ナポリ王国
🟩	ナポレオンの影響が強い国	ライン同盟、ワルシャワ大公国
🟥	強制的にフランスと同盟関係を結ばれた国	デンマーク・ノルウェー王国、プロイセン王国、オーストリア帝国

※1 **アウステルリッツ**：現在のチェコの東部。
※2 **衛星国**：大国の周辺にあって、政治・経済・外交がその国に支配または影響を受けている国家。

| 第6章 大陸で覇を競うヨーロッパ諸国 | 97

ドイツの登場で分裂するヨーロッパ

革命後のフランスで起きたナショナリズムの高揚はフランスに征服された各地域に広がり、長らく分裂していたドイツ諸邦でもドイツ人としての民族意識が高まります。プロイセンの主導で動き始めたドイツの統合は隣国の妨害を受けますが、プロイセンが軍事力で圧勝し、1871年ヴィルヘルム1世が「ドイツ統一」を宣言してドイツ帝国が誕生しました。

フランス封じ込めの協調路線から拡大路線への転換

19世紀後半に分裂状態だったドイツは、工業化と軍事改革で富国強兵策を進めたプロイセン※1の主導で統一されました。自国の影響力を低下させたくないオーストリアと1866年普墺戦争を、隣に大国が生まれるのを嫌ったフランスと1870～71年普仏戦争を戦い、勝利したプロイセンが1971年ドイツ帝国を成立させたのです。

帝国成立の戴冠式を占領中のヴェルサイユ宮殿で行ったことで面子を傷つけられたと復讐の念に燃えるフランスへの対策として、統一後のドイツはフランスの孤立化を図り、フランス以外の国との国際協調を重視した外交政策を展開しました。しかし、ヴィルヘルム1世に代わってヴィルヘルム2世が即位すると、積極的な拡大政策に転換します。

19世紀末には海外植民地獲得に乗り出しますが、すでに世界はほとんどの地域がイギリスやフランスなどに分割されていました。これに割って入るためにドイツは3B政策（→P86）や海軍力の増強を行いますが、この行動は自国の権益が損なわれるのを恐れるイギリスとの溝を深めることになります。そして両国を中心とした、イギリス・フランス・ロシアの三国協商とドイツ・オーストリア・イタリアの三国同盟のふたつの陣営が形成されました。こうして第一次世界大戦が起きる下地ができたのです。

▼ドイツの統一

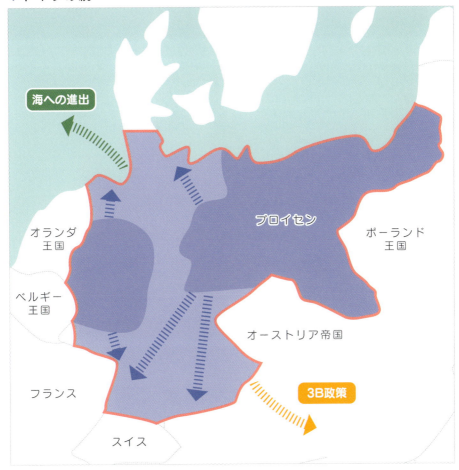

ドイツ統一はプロイセンの膨張

三十年戦争（→P92）で神聖ローマ帝国が解体して以降、ドイツには300近い領邦が分立していましたが、領邦のなかで力を持っていたのがプロイセンとオーストリアです。オーストリアはドイツ統一を望んでおらず、領邦の統合はプロイセンが中心となって進められました。結果として統一されたドイツ帝国は、プロイセンが拡大したものであるといえるでしょう。拡大したプロイセンがさらに海外にも領土を広げ、世界の脅威となっていくのです。

※1　**プロイセン**：18世紀初頭に成立したプロイセン王国は軍隊国家プロイセンといわれ、18世紀後半にはフリードリヒ大王の下でヨーロッパの五大王国と呼ばれるようになる。

バルカンは
ヨーロッパの火薬庫

　オスマン帝国が衰退していく過程で、バルカン半島ではオスマン帝国からセルビアやルーマニアなど複数の国々が独立しました。これら新興国の勢力争いに加えて、オーストリアやロシアといった近隣の大国は勢力圏拡大を狙っています。バルカン半島はいつ戦争が起きるかわからない火種を抱えていたのです。

大爆発の危険性を抱えたバルカン半島

　ビスマルク体制^{※1}後の20世紀初頭のヨーロッパの外交関係は、三国同盟と三国協商（→P98）とが牽制し合う構図となっていました。バルカン半島の汎スラブ主義^{※2}勢力の拡大を警戒していたオーストリアは、オスマン帝国で起きた革命の混乱に乗じて、自国の管理下にあったボスニア＝ヘルツェゴヴィナを併合します。この地域はセルビア人が数多く暮らしており、セルビアが自国の勢力下にしようと考えていた地域であったため、ここにセルビアとオーストリアの対立が生じました。

　さらにバルカン半島の緊張を高めたのは、二度にわたるバルカン戦争です。1912年バルカン半島のオスマン帝国領を奪うために、セルビア、モンテネグロ、ギリシア、ブルガリアがバルカン同盟を結成して第一次バルカン戦争を起こしました。結果はバルカン同盟側が勝利し、オスマン帝国はイスタンブル周辺以外のヨーロッパから駆逐されます。しかし、今度はセルビアのアドリア海への進出を嫌ったオーストリアが第一次バルカン戦争中にアルバニアを独立させていたために戦後の領土分配で話がもつれ、マケドニア領有をめぐりブルガリアとセルビアが対立、第二次バルカン戦争が起こりました。周辺国のほとんどがセルビア側に味方し、ブルガリアは敗北。セルビアに恨みを抱いたブルガリアはオーストリアに接近します。

▼ 第一次バルカン戦争

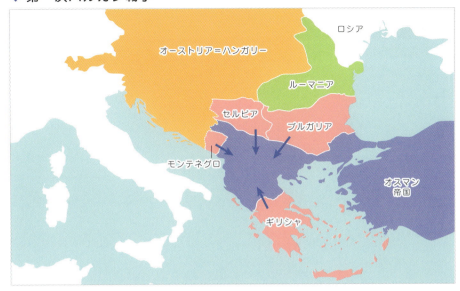

▼ 第二次バルカン戦争

※1 **ビスマルク体制**：19世紀後半にドイツ首相ビスマルクの外交政策によって築かれたヨーロッパの国際秩序。
※2 **汎スラブ主義**：ロシアがバックとなり、セルビアなどのスラブ系民族の自立を目標とする主張。ドイツ、オーストリアなどのゲルマン人勢力を広げようとする汎ゲルマン主義と対立した。

第一次世界大戦と
ヨーロッパの没落

　オーストリアのバルカン半島進出と反発するセルビアの対立から生じた戦争が、各国の同盟関係からヨーロッパ諸国を巻き込む世界大戦となりました。総力戦と呼ばれる人や物のすべてをつぎ込んだ戦争は、勝者にも敗者にも大きな傷跡を残すことになります。この世界大戦の痛手から、ヨーロッパの没落が本格化しました。

世界を巻き込んだセルビアへのオーストリアの宣戦布告

　第一次世界大戦のきっかけは、バルカン半島で起きたサラエボ事件[※1]でした。オーストリアはドイツに支援されてセルビアに宣戦布告。対して、セルビアを支援するロシアが総動員をかけると、ドイツはロシア、次いで露仏同盟を締結しているフランスに宣戦布告します。さらにドイツがフランスへ進軍するため、中立を宣言していたベルギーの領土を通過した不法行為を理由に、イギリスがドイツに宣戦布告しました。このように、ひとつの宣戦布告は連鎖反応を呼び、ヨーロッパ列強がふたつに分かれて争うことになったのです。

　その後、主要国では日本が日英同盟に基づいて三国協商側で、反ロシアのオスマン帝国は三国同盟側で参戦しました。戦前は三国同盟だったイタリアは、未回収のイタリアと呼ばれるオーストリア領トリエステなどを回収するため、1915年協商側で参戦。またドイツの無制限潜水艦作戦に対し、協商側中立だったアメリカも1917年に参戦します（→ P74）。一方、ロシアは革命で成立したソビエト政権が同盟側陣営と単独講和を結んで、戦争から離脱しました。

　大戦は1914〜18年まで長期間続き、人類初の総力戦で各国は甚大な損耗を被って厭戦感が蔓延します。戦争の幕引きは、水兵の反乱を発端にドイツで起きた革命でした。ドイツ皇帝は中立国オランダへ亡命し、革命で成立した共和政府が協商国側に休戦を申し出て、ようやく戦争は終了しました。

102

▼ ふたつに分かれたヨーロッパ

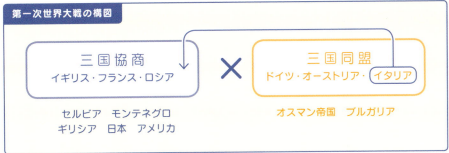

※1 **サラエボ事件**：1914年ボスニアの州都サラエボを訪問したオーストリア皇太子夫妻が、過激な民族主義組織に属するセルビア人の手により暗殺された事件。

| 第6章 大陸で覇を競うヨーロッパ諸国 | **103**

ヴェルサイユ体制と
ヒトラーの登場

　大戦後のパリ講和会議でドイツは**1919年ヴェルサイユ条約**に調印させられます。その後のヨーロッパの国際秩序が**ヴェルサイユ体制**です。この講和条約への不満はもとより、フランスとベルギーが賠償金の取立てで強硬な手段に出たことでドイツは経済的混乱に陥り、ドイツの人々はヴェルサイユ体制への不満を一層募らせました。

ナチスを台頭させたヴェルサイユ体制への不満

　ヴェルサイユ条約がドイツに課したものは、全植民地を国際連盟に預けることや、周辺国への領土の割譲、軍備の制限、民族自決、多額の賠償金など厳しい内容でした。加えて、フランスとベルギーによるドイツ経済の中心となるルール占領[※1]で、ハイパーインフレ[※2]にも苦しめられます。

　さらに1929年からの世界恐慌で各国の経済は混乱し、ドイツも大きな影響を受けました。そこへ民衆の不満の受け皿として台頭してきたのが、ナチス（国家社会主義ドイツ労働者党）です。1933年政権を握って党首のヒトラーが首相になると、独裁体制を築きました。そして、ヴェルサイユ体制打破の第一歩として、再軍備宣言を行います。以降1936年非武装とされたラインラントへの進駐、同年に発生したスペイン内戦へ介入、1937年日独伊防共協定、1938年オーストリア併合、ズデーテン割譲など、国際的な緊張が高まる事態を引き起こしました。

　これに対してイギリスやフランスは、宥和政策と呼ばれるドイツに対して譲歩する姿勢で対応します。戦争の準備がまだできていないという現実的な理由のほかに、ヴェルサイユ条約があまりにも厳し過ぎてドイツを追い詰めたという反省もあったのです。しかし、ヒトラーの拡張政策は止まることを知らず、ポーランドへ「ダンツィヒか戦争か」[※3]と最後通牒を突き付けました。

▼ ナチスの拡大

1936年	ラインラント進駐	ヴェルサイユ条約において武装禁止とされた地帯に軍隊を進駐させる
1938年	オーストリア併合	ドイツ軍がウィーンに進撃する
1938年	ズデーテン割譲	チェコスロバキアからズデーテン地方を奪う
1939年	ポーランド侵攻	ヴェルサイユ条約において自由都市とされたダンツィヒに侵攻する

※1 **ルール占領**：巨額の賠償金をドイツが支払わないのはヴェルサイユ条約の不履行であると、フランスとベルギーが大炭鉱地帯であるルール地方を占領した。
※2 **ハイパーインフレ**：お金の価値が暴落すること。
※3 **ダンツィヒ**：第一次世界大戦まではドイツの貿易港として繁栄していたバルト海に面した都市。ヴェルサイユ体制下ではポーランドが管理しており、ヒトラーはダンツィヒ奪還を標榜していた。

第6章 大陸で覇を競うヨーロッパ諸国

第二次世界大戦と
ヨーロッパの分割

　　ナチス・ドイツのポーランド侵攻により始まった第二次世界大戦は、日本がアメリカ、イギリスなどへ宣戦したことで世界中が戦場となりました。日独伊などの枢軸国と、連合国の英米などと共産国のソ連との戦争は、連合国が勝利をおさめます。枢軸勢力が消えたヨーロッパでは、今度は連合国と共産圏、ふたつの勢力が対峙するようになりました。

ヨーロッパの没落と超大国米ソの台頭

　　ポーランド回廊[※1]をめぐり、1939年ドイツはポーランドに宣戦布告します。イギリスやフランスは、ポーランドとの相互援助条約によりドイツに宣戦布告しますが、ポーランドの占領を止めることはできませんでした。独ソ間の事前の協定でポーランドは独ソで分割されます。1940年フランスの首都パリが陥落し、ヴィシー政権[※2]が成立してフランスはドイツと講和。ソ連はバルト三国を併合し、フィンランドとの戦争で領土を奪いました。

　　ポーランド侵攻では手を結んでいたドイツとソ連ですが、1941年ドイツは独ソ不可侵条約を破棄、独ソ戦が開始されます。同年日本の対米宣戦によりアメリカが連合国として参戦。アメリカの参戦は流れを大きく変えました。1944年にはアメリカがノルマンディー上陸以降ドイツに西方から侵攻し、ソ連も大攻勢をかけます。東西から圧迫されたドイツは1945年遂に降伏、ヨーロッパを破壊し、没落を決定付けた戦争は終わりました。

　　戦後は、アメリカとソ連の軍隊が進出した地域が、ほぼそのまま影響を受けることになります。エルベ川以東の東ドイツと枢軸側で戦った東欧の国々や再独立を果たしたポーランドやチェコスロバキアは、ソ連の衛星国となりました。一方の西ヨーロッパ諸国は、北大西洋条約機構（NATO）を結成してアメリカの庇護の下に共産圏諸国の脅威に備えることになるのです。

106

▼ 東西冷戦の始まり

NATO（北大西洋条約機構）発足時の加盟国（1949年）	WTO（ワルシャワ条約機構）発足時の加盟国（1955年）
アメリカ　イギリス　フランス　イタリア　オランダ　ベルギー　ポルトガル　デンマーク　ノルウェー　ルクセンブルク　アイスランド　カナダ	ソ連　ポーランド　東ドイツ　チェコスロバキア　ハンガリー　ルーマニア　アルバニア　ブルガリア

※1　**ポーランド回廊**：ヴェルサイユ条約でポーランド領となった地域。ヒトラーはポーランド回廊の通行を要求した。
※2　**ヴィシー政権**：ドイツに降伏後、フランス中部の都市に成立したフランス政府。

column 地政学の基礎知識

マハンのシーパワー理論

　アメリカの海軍士官であったアルフレッド・T・マハン（1840～1914）は、「海洋を制するものが世界を制する」というシーパワー理論を唱え、「国家の繁栄にとって、シーパワーは不可欠である」と説きました。

　1890年に刊行された『海上権力史論』のなかで、制海権を獲得するための要素として、地理的条件、人口の数、政府の性格など、地政学的な概念を示しています。マハンの進言によってアメリカは海軍力を強化、19世紀末にはパナマ運河建設やハワイ併合、フィリピン併合を行いました。

　日本海軍も早くから『海上権力史論』に注目し、1897年には翻訳本が出版され、海軍大学校、陸軍大学校のテキストに採用されています。日本海軍大尉の秋山真之はアメリカ留学の際にマハンを訪れて指導を受け、帰国後海軍大学校の教官としてマハンの理論を基礎とした講義を行いました。そして日露戦争ではその知識を生かし、連合艦隊司令長官であった東郷平八郎の参謀として重大な作戦を立案し、勝利に貢献しています。

▼『海上権力史論』表紙

▼英欄戦争海戦図

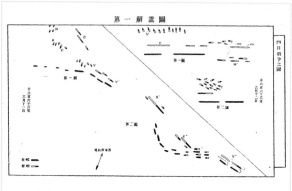

（国立国会図書館蔵）

108

第7章

現代世界

冷戦の時代①
終戦から1950年代初頭

第二次世界大戦後、東西冷戦の構図は、まずヨーロッパで生まれました。共通するドイツという敵を失った自由主義陣営と共産主義陣営が、政治体制とイデオロギーによって対立したのです。そして1946年チャーチルの「鉄のカーテン」演説以降、共産主義陣営の拡大を恐れたアメリカ主導による軍事同盟が組まれました。

東西冷戦体制の確立

アメリカやイギリスなどとソ連との間には、すでに第二次世界大戦末期の頃から戦後処理をめぐって利害の対立が生じていました。ソ連は自軍が侵攻した先に共産党政権をつくって、戦後の自国の安全を保つ手段としようとしていたのです。アメリカはソ連の拡大を牽制するために、日本へ二度の核爆弾投下を行い、核保有とその威力を知らしめようしますが、戦争終了時東欧はソ連占領下に置かれ、ギリシアなどでは共産ゲリラの活動が見られるようになります。

この共産主義陣営の拡大を妨げるために、アメリカは1947年トルーマン・ドクトリンでソ連の封じ込めを図ります。反発したソ連はベルリン封鎖を行い、1949年中華人民共和国の成立、同年ソ連が核開発成功と共産主義陣営の拡大や強化を続けていったのです。

これに対してアメリカは1949年西ヨーロッパ諸国などと北大西洋条約機構（NATO）という軍事同盟を結成します（→P106）。対抗してソ連は、1955年東欧の衛星国を軍事ブロック化してワルシャワ条約機構をつくりました。

また、東アジアでは1950年に朝鮮戦争が起きています。朝鮮戦争では前年成立した中華人民共和国が義勇兵派遣の体裁で介入し、アメリカは苦戦を強いられていました。そのためアメリカは、アジア諸国とも個別の軍事同盟や軍事ブロック化を進めます。

▼ 冷戦の時代年表〈ヨーロッパ〉

1946年	鉄のカーテン演説
1947年	トルーマン・ドクトリン
1948年	チェコスロバキアに共産党政権成立
1948年	ベルリン封鎖
1949年	東西ドイツ分断
1949年	ソ連核開発成功
1949年	NATO結成

イギリスの元首相チャーチルが訪米中に行った演説のなかで「ヨーロッパ大陸に鉄のカーテンがおろされている」と述べ、冷戦の到来を予想、共産圏の閉鎖性を非難しました。

アメリカのトルーマン大統領が宣言した反共産党の外交政策で、共産主義の脅威に対して軍事力をもって対抗する意思を明らかにしました。

ソ連は西ベルリンに至る鉄道や道路を封鎖し、西ベルリンは完全に陸の孤島と化しました。アメリカは封鎖された西ベルリンに空輸で物資を運び、これをしのぎます。

▼ 冷戦の時代年表〈アジア〉

1946年	インドシナ戦争勃発
1948年	大韓民国、朝鮮民主主義人民共和国成立
1949年	中華人民共和国成立（→P46）
1950年	中ソ友好同盟相互援助条約締結
1950年	朝鮮戦争勃発
1951年	サンフランシスコ平和条約調印（→P32）
1951年	日米安全保障条約締結

ベトナムの独立をめぐるフランスとベトナム独立同盟との戦争。ベトナム独立の指導者ホー・チ・ミンは共産主義者。1954年ジュネーヴ協定が成立し、フランスが撤退するまで続きました。

北緯38度線によって南北に分断された朝鮮半島での戦争。韓国をアメリカなどの国連軍が支援、北朝鮮を中国が支援しました。

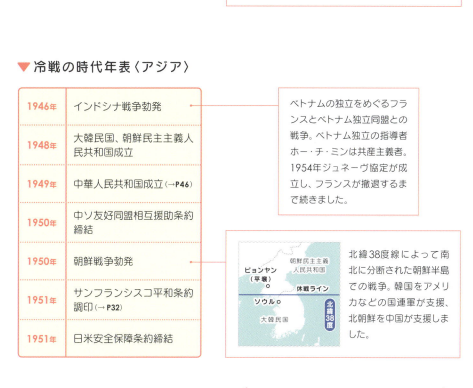

冷戦の時代②
1950年代 第三勢力の台頭

1953年ソ連の独裁者スターリンの死は、ソ連国内だけでなく外交面においても西側諸国との緊張緩和という好影響を与えました。また新たにソ連共産党のコントロールから外れた、中国との対立の構図も表面化してきます。そして、中国をはじめとする米ソどちらの陣営にも属さない第三勢力が台頭してくることになりました。

第三勢力の台頭で多極化へ

1953年約30年間もソ連を動かしてきた独裁者、スターリンが死亡しました。この死はソ連の内政面だけでなく、西側諸国との緊張緩和という外交面にも変化をもたらすきっかけとなり、1955年米英仏ソ首脳によるジュネーヴ四巨頭会談が開かれ、話し合いの場が持たれます。同年分割占領されていたオーストリアが、ドイツのように東西分断されることなくまとまって独立が認められたのは、当時の東西両陣営の歩み寄りの成果といえます。

しかし、新たにソ連と中国の対立の構図が表面化し始め、さらに米ソのどちらの陣営にも属さない第三勢力の台頭が明らかになってきたのもこの時期です。ソ連と中国の対立は路線対立の論争に始まり、1969年には国境紛争にまで発展しました。ソ連と中国の対立には、朝鮮戦争やベトナム戦争でアメリカと溝を深めていた中国が、米ソの平和共存の姿勢に危機感を持ったことが背景にあります。中ソの対立は後に米中接近の呼び水にもなりました。

中国だけでなく、インドやインドネシアも存在感を示し始め、有色人種のみで開かれた最初の国際会議であるアジア・アフリカ会議が中国、インド、インドネシアの主導で1955年に開かれます。中国とインドは後に関係が悪化し、連帯は失われますが、国際情勢は確実に米ソ二極から多極化の様相を呈すようになりました。

▼ 冷戦の時代年表

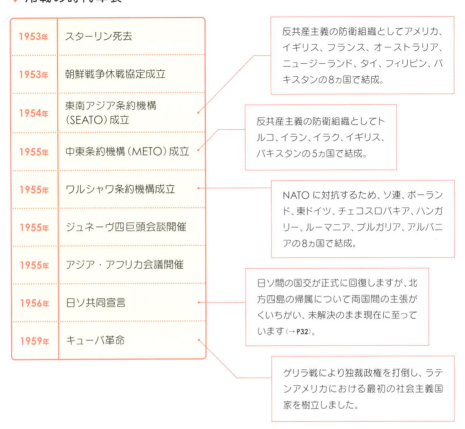

1953年	スターリン死去
1953年	朝鮮戦争休戦協定成立
1954年	東南アジア条約機構（SEATO）成立
1955年	中東条約機構（METO）成立
1955年	ワルシャワ条約機構成立
1955年	ジュネーヴ四巨頭会談開催
1955年	アジア・アフリカ会議開催
1956年	日ソ共同宣言
1959年	キューバ革命

- 反共産主義の防衛組織としてアメリカ、イギリス、フランス、オーストラリア、ニュージーランド、タイ、フィリピン、パキスタンの8ヵ国で結成。
- 反共産主義の防衛組織としてトルコ、イラン、イラク、イギリス、パキスタンの5ヵ国で結成。
- NATOに対抗するため、ソ連、ポーランド、東ドイツ、チェコスロバキア、ハンガリー、ルーマニア、ブルガリア、アルバニアの8ヵ国で結成。
- 日ソ間の国交が正式に回復しますが、北方四島の帰属について両国間の主張がくいちがい、未解決のまま現在に至っています（→P32）。
- ゲリラ戦により独裁政権を打倒し、ラテンアメリカにおける最初の社会主義国家を樹立しました。

▼ 1950年代末時点の米ソ核保有数

第7章 現代世界 | 113

冷戦の時代③
1960年代からソ連崩壊まで

米ソの東西冷戦は60年代末のキューバ危機を境に、緊張緩和の方向へと向かいました。しかし、1970年代末に起きたソ連のアフガニスタン出兵を原因として、再び両国の緊張が高まります。そしてアメリカに対抗するための軍事費の増大に耐え切れなくなったソ連が崩壊することで、半世紀近く続いた冷戦に終止符が打たれました。

デタント（緊張緩和）を挟みソ連崩壊で終わった冷戦

スターリンの死後、一時的に緊張が弱まった時期もありましたが、冷戦体制下での米ソ両国間の緊張は、1962年のキューバ危機で再びピークを迎えます。キューバ危機回避後は、1968年核拡散防止条約を皮切りに米ソで戦略ミサイルの保有を制限するなど、対立が破滅的な全面戦争にならないような枠組みが少しずつ形成されていきました。

このデタント[※1]の時期には、米ソが核兵器や核を搭載する戦略ミサイルを制限する裏でフランスや中国は独自に核戦力の開発と充実を行っており、相対的に米ソの優位性は失われていくことになります。

70年代のデタントは、1979年ソ連のアフガニスタン出兵で終わりを迎えます。再び、ソ連との対決姿勢を強めたアメリカでは、80年代に入ると人工衛星で敵ミサイルを打ち落とそうとするSDI構想（通称スターウォーズ計画）なるものも夢想されました。しかし、両国のこのような軍事関連の出費は経済にとって大きな負担となり、ソ連が先に音を上げます。

ソ連書記長に就任したゴルバチョフが敷いた改革路線は、ソ連を建て直そうという意に反して、共産党の一党支配を一気に瓦解させてしまいました。そして1989年マルタ会談で米ソは冷戦終結を宣言、1991年にソ連が解体して冷戦は実質上の終わりを告げます。

▼ 冷戦の時代年表

1961年	ベルリンの壁建設
1962年	キューバ危機
1963年	部分的核実験禁止条約 （PTBT）締結
1965年	ベトナム戦争勃発
1968年	核拡散防止条約（NPT） 締結
1972年	第一次戦略兵器制限条約 （SALT I）締結
1979年	ソ連アフガニスタン出兵
1980年	モスクワ五輪ボイコット
1985年	ゴルバチョフ書記長就任
1989年	ベルリンの壁崩壊
1989年	マルタ会談開催
1990年	東西ドイツ統一
1991年	ソ連解体

ソ連がキューバにミサイル基地を設置したことによりアメリカと激しい対立となり、世界中を核戦争の恐怖に陥れました。ソ連はミサイルを撤去すること、アメリカはキューバに侵攻しないことで妥協が成立し、危機は回避されます。

大気圏内、宇宙空間、水中の核実験を禁止した条約にアメリカ、ソ連、イギリスが調印しました。地下の核実験は禁止されていません。

米ソ英仏中の5ヵ国を核保有国とし、核保有国以外への核兵器の拡散を防止する目的で締結されました。2015年には締約国は191ヵ国・地域にのぼっています。しかし、核保有を宣言しているインド、パキスタンやイスラエルが未加盟、北朝鮮が脱退を宣言しており、大きな問題となっています。

アメリカとソ連との交渉で、長距離核ミサイルの制限を設けました。

社会主義政権が成立したアフガニスタンで発生した反政府組織の蜂起にソ連が軍事介入を行いました。これに対してアメリカは反政府ゲリラの支援を開始し、再び米ソ間の緊張が高まりました。

ソ連のアフガニスタン出兵に反発する50ヵ国近くがモスクワで開催されたオリンピックへの出場をボイコットしました。1984年開催のロサンゼルスオリンピックでは、社会主義国の多くが出場をボイコットしています。

※1　**デタント**：米ソ両陣営が協調的な動きを見せ、対立が穏やかな状態にあること。

ポスト冷戦から
現在へ

　半世紀近く続いた東西冷戦は**1989年**に終了しました。旧ソ連圏の東欧諸国の共産政権は次々と崩壊し、**1991年**ソ連自身も崩壊します。その後、冷戦という緊張状態により結果的に保たれていた安定が失われ、東西対立のなかで押さえ込まれていた民族や宗教の対立などの問題が噴出、世界各地で小規模紛争が頻発するようになりました。

ソ連の崩壊によってアメリカー極体制に

　冷戦の期間は、経済力や軍事力で突出した米ソの二強が対峙するなかで、国際間の安定がある程度保たれていた時代でした。ソ連の崩壊によって米ソを軸とする東西の対立が終わると、アメリカの覇権が世界を覆い、一極体制によって国際間の安定が保たれることが期待されます。しかし、冷戦が終了するとイデオロギーの拡大のために行っていた米ソの中東諸国などへの軍事支援は途絶え、それまで大きな力に抑圧されていた民族問題が表面化して、地域紛争が一気に増加しました。

過去にはなかった問題をめぐる現代の紛争

　アフリカの民族紛争は植民地時代の境界が民族の生活地域を無視したものだったことに起因しています。一方で、テロ組織など、国ではない武装勢力との国際的な「新しい戦争」も世界中で発生しています。さらに現代社会の豊かさを支えるエネルギー資源の獲得をめぐる争いが各所で起きており、日本と中国との尖閣諸島問題（→ P32）もエネルギー資源をめぐる争いが火種となっているのです。

　このような地域紛争の増加や超大国として蘇ったロシアの存在、国力伸長の著しい中国の存在で、アメリカの一極体制は現在、揺らいできています。

▼1990年代以降の紛争

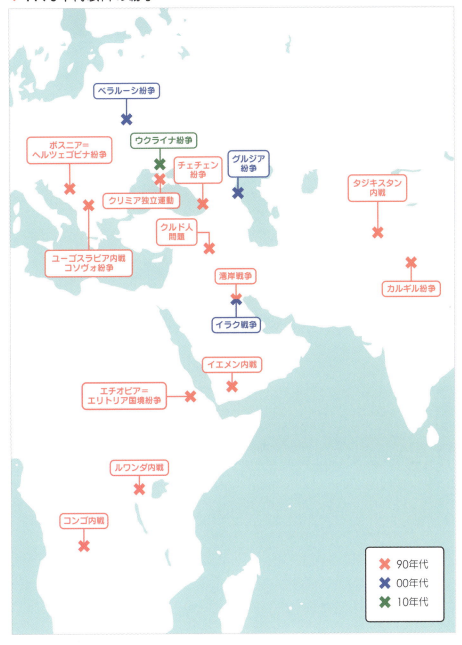

戦後の中国①
南シナ海への進出

　1990年代以降の尖閣諸島への領有権主張に見られるような中国の拡大主義は、決して目新しいものではありません。中華人民共和国は成立から今日まで、周辺国への侵略や領土紛争と数々のトラブルを起こしてきました。特に東南アジア諸国への圧力と南シナ海への進出は、早い時期から行われています。

南シナ海や東南アジア方面への勢力圏拡大

　古くは元のジャワ遠征 (→ P38) や、明の鄭和の南海遠征 (→ P42) にも見られる歴代の中国王朝の南シナ海への野望は、共産主義を標榜して1949年に成立した中華人民共和国においても変わることはありませんでした。1960年代ベトナム戦争初期には北ベトナムの支援に力を費やしましたが、1970年代に入ると南シナ海への進出を始めました。当時、アメリカ軍が撤退して末期的な状況にあった南ベトナムから、中国は実力で島々を奪います。

　1960年代に入ると、それまで友好関係を築いていた中国とソ連の関係が社会主義路線の違いや国境問題をめぐって悪化します。1979年対立するソ連の友好国であるベトナムがカンボジアへと侵攻し、毛沢東主義を掲げて中国に親和的だったカンボジアのポル・ポト政権を倒して傀儡政権を建てました。中国は懲罰を与えようとベトナムに侵攻し、中越戦争が勃発しますが、ベトナム軍の頑強な抵抗にあって得るところ少なく撤退することになります。

　中国とソ連の対立は日中関係にも影響を及ぼしました。中国とソ連との関係悪化に乗じて米中関係を深めようと、アメリカが中国に接近するようになったため、アジア外交でアメリカに先を越されたくない日本も急速に中国に接近を図ったのです。1972年田中角栄首相と中国の周恩来首相が北京で日中共同声明[※1]に調印して日中国交正常化が行われ、現在へ続いています。

118

▼南シナ海の島々

中国の南シナ海進出

ベトナム戦争中の1974年1月中国軍は西沙諸島西南部のクレセント諸島に侵攻して南ベトナムの艦船を撃沈、西沙諸島全体を占領しました。以降、中国の実効支配が続いており、西沙諸島最大の島である永興島には滑走路をはじめ数々の施設が建設されています。

※1 **日中共同声明**：日本は中華人民共和国政府を中国の唯一の合法政府として承認、中国は戦争賠償の請求を放棄した。

戦後の中国②
強引な拡大政策

火事場泥棒的な南シナ海への進出やベトナムとの紛争にみる**1970年代の中国**と、脅威の経済成長を果たした現在の中国は、全く違っています。アメリカの影響力が後退したこともあり、中国は世界でもトップクラスの経済力と近代化された軍事力を背景に、拡大主義をより大胆かつ強硬な態度で示すようになりました。

経済力をつけた中国の止まらない拡大

1980年代に入ると中国は先に全域を奪取していた西沙諸島を足がかりに、南沙諸島の奪取へ向けて動き始めます。南沙諸島がある南シナ海は、中国だけでなく、周辺の国々がその権利を主張する海域ですが、中国は1988年ベトナムから、1992年アメリカの駐留軍が撤退したフィリピンからも島々を強奪していきました。以降、周辺国との軋轢や国際社会の目も意に介さず、2000年代、2010年代に入っても南沙諸島の実効支配範囲を拡げるのと同時に、軍事施設化も進めています。インド洋と太平洋をつなぐ、多くの国々の船舶が通航する南シナ海で、武力衝突を辞さないような中国の振る舞いは決して好ましいことではありません。

改革開放路線で豊かになり、大国としての自信をつけた中国は、1992年以降海洋進出の矛先を日本領の尖閣諸島(→P32)にも向け始めます。尖閣諸島は、中国が第一列島線^{※1}と名付けた九州や沖縄から南シナ海を囲むように続く戦略構想上の地域に当たります。中国はウクライナから購入して改修した空母を2012年に就役させ、さらに2015年には国産空母を建造中であることを発表しており、日米に対抗できる海上戦力の整備に邁進しています。日本政府は尖閣諸島が日本固有の領土であることは明らかであるとしていますが、尖閣諸島をめぐる日中の緊張は日増しに高まっています。

▼ 中国と周辺国の国境線の主張

各国が中国の動きを警戒

南沙諸島は小さな島や岩礁、砂州からなっており、現在中国、台湾、ベトナム、フィリピン、マレーシアがそれぞれの島や岩礁を実行支配しています。周辺の海域には豊富な海底資源が埋蔵されていると見込まれていることから、各国が領有権を主張していますが、特に中国が岩礁の埋め立てや施設の建築を進めており、南沙諸島が中国の軍事拠点となることへの警戒が強まっています。

※1 **第一列島線**：中国が打ち出した軍事戦略構想上の対米防衛ライン。九州を起点に沖縄、台湾、フィリピン、ボルネオ島に至る。

戦後の中国③
少数民族問題

実質上、中国の植民地支配を受けている地域が、東トルキスタン（新疆ウイグル自治区）とチベット（チベット自治区）です。ウイグルもチベットも清朝の征服と支配を受けた後、分離独立の動きを見せるたびに中華民国、中華人民共和国などに相次いで侵略されました。両地域には中国人が大量に入植し続け、同化政策が進んでいます。

大国に隣接した小国の悲哀

ウイグル人は、8世紀には唐朝を圧迫するほどの勢いがあった遊牧民です。シルクロード経由で10世紀頃からイスラム教を受容し始め、10世紀以降には独自のウイグル文字も生まれています。中国とは違う民族、言語、風習、歴史を持っていたウイグル人ですが、18世紀半ば以降清朝に征服されてからは、中華民国、中華人民共和国の占領と支配を受けてきました。19世紀には清朝の支配を脱しかけましたが潰されます。さらに、1931年と44年には二度にわたり東トルキスタン・イスラム共和国を成立させたものの、中国とソ連の干渉や謀略※1、勢力圏取引※2の犠牲となって、それぞれ数年の内に独立はついえました。

チベットも独自の歴史を歩んで来た国でしたが、東トルキスタンと同様、清朝に征服されます。清朝崩壊の機会に事実上の独立を達成しましたが、中国共産党が政権をとると、1949年以降段階的に人民の解放と称したチベット侵攻が行われ、全土を占領されました。1959年インドの支援で大規模な反乱を起こしますが敗れ、指導者層はインドに逃れてチベット臨時政府を樹立します。インドがチベットの反乱を支援したことで中国とインドの関係が悪化、1962年に勃発する中印国境紛争の呼び水となりました。

両地域では現在も暴動が発生するなど、問題解決の糸口は見えていません。

▼ 現在の中国内の自治区

新疆ウイグル自治区	人口の半数近くがウイグル族で、漢民族も人口の4割ほどを占める
内蒙古自治区	漢民族の移動により人口の各8割が漢民族で、モンゴル族の割合は2割弱となっている
寧夏回族自治区	人口のほとんどは漢民族で、イスラム教徒である回族は人口の約2割
チベット自治区	人口の9割以上がチベット族
広西チワン族自治区	漢民族が人口の約6割、チワン族は3割程度

※1 謀略：ソ連の斡旋で、中国共産党との外交協議のために北京へ向かった政治指導者たちが消えた事件。
※2 勢力圏取引：ソ連の外モンゴル独立・満州権益確保と中華民国の東トルキスタン支配。

ソ連の解体とその後継としてのロシア

ソビエト社会主義共和国連邦（ソ連）は、ロシア人だけでなく、何十もの民族が混在する国でした。そのほとんどが、かつてのロシア帝国拡大の過程で征服された民族であり、ソ連の崩壊後、分離独立を主張してソ連から離れていった共和国もありました。ソ連から現在のロシア連邦の状態になるまでには、紆余曲折があったのです。

共産主義から離脱する東欧諸国と諸民族国家の独立

第二次世界大戦後にはアメリカと覇を競ったソ連も、1980年代になると国力の疲弊が大きくなります。そこで新しくトップになったゴルバチョフ書記長は、ペレストロイカ（改革）と呼ばれるスローガンを掲げ、グラスノスチ（情報公開）を重要な政策の方針として、ソ連の建て直しを図りました。しかし、その改革によってソ連や共産党政権に厳しく抑圧されていた東欧の国々やソ連邦内の諸民族の溜め込んだ不満が噴出し、収拾がつかなくなります。東欧を衛星国としていた各国の共産政権は次々に倒れて、東欧諸国はソ連と共産党の圧政下から解放されました。

国外だけでなく国内においても、ソ連からの分離独立の動きが出てきます。まず、1990年バルト三国[※1]が独立を宣言。ソ連を構成する共和国をつなぎ止めておくためにゴルバチョフ書記長は複数政党制や大統領制を敷きますが、翌91年改革に反発したソ連共産党がクーデターを起こしました。クーデターは失敗に終わりましたが、このことが引き金となり、各共和国の独立を求める声が高まります。そして1991年12月ソ連邦を構成する共和国の内、バルト三国を除く12の共和国で独立国家共同体（CIS）が結成され、ソ連は事実上消滅することになりました。旧ソ連が持っていた国連の代表権などはロシア連邦が継承しています。

▼ソ連の解体

独立国家共同体（CIS）

1993年にはロシア、カザフスタン、キルギス、タジキスタン、ウズベキスタン、トルクメニスタン、ベラルーシ、ウクライナ、モルドバ、グルジア、アルメニア、アゼルバイジャンの12ヵ国が参加していましたが、2005年にトルクメニスタンが準加盟国となり、グルジアが2009年に、ウクライナが2014年に脱退しました。

※1 **バルト三国**：エストニア、ラトビア、リトアニアの3ヵ国。ロシア革命でロシア帝国から独立を果たしたものの、独ソの勢力範囲を決めた協定で独のポーランド侵攻後、ソ連により併合された。

ヨーロッパの統合と拡大

　第一次、第二次世界大戦でヨーロッパは没落し、アメリカやソ連の影響下に置かれることになりますが、この両大国に互角に対応するためにヨーロッパの統合を目指す動きが出てきます。そして経済的に統合されたEUという組織が結成されました。発足当初、西欧の一部の国々で構成されていたEUは、今や東欧、北欧にまで拡大しています。

地域の安定と繁栄のためのヨーロッパ統合

　ドイツの東西分裂や東欧諸国のソ連の衛星国化に加え、戦勝国であるイギリスやフランスなども国内が疲弊しきっていて、戦後のヨーロッパの国々は国際的な地位や発言力が低下していました。そこで往時のヨーロッパの立場を取り戻すため、また没落を招いた二度の大戦の遠因であるフランスとドイツとの対立を解消して永続的な平和状態をヨーロッパにもたらすために、統合されたヨーロッパという考えが生まれます。1951年フランス、西ドイツ、イタリア、ベネルクス三国[※1]でヨーロッパ石炭鉄鋼共同体が結成され、1958年にヨーロッパ経済共同体とヨーロッパ原子力共同体が創設されました。この3つの共同体が統合されて、1967年ヨーロッパ共同体（EC）が生まれています。

ヨーロッパ統合の進化と拡大

　ECは1973年独自路線だったイギリス[※2]をメンバーに迎え、さらに80年代にはギリシアやスペインなども加盟国となり拡大しました。そして1993年ECはEU（ヨーロッパ連合）となり、さらに統合の度合いを高めます。

　1999年にはEU圏内の統一通貨ユーロが制定され、2000年代に入ると旧共産圏の東欧諸国、バルト三国なども加盟し、さらにウクライナなどが加盟を希望しています。

126

▼ EC・EU 加盟国の推移

加盟年	地図表示色	国　名
1967年		フランス　ドイツ　イタリア　ベルギー　オランダ　ルクセンブルク
1973年		イギリス　アイルランド　デンマーク
1981年		ギリシア
1986年		スペイン　ポルトガル
1995年		スウェーデン　フィンランド　オーストリア
2004年		キプロス　マルタ　スロベニア　チェコ　ハンガリー　ポーランド　スロバキア　リトアニア　エストニア　ラトビア
2007年		ルーマニア　ブルガリア

※1　**ベネルクス三国**：ベルギー、オランダ、ルクセンブルクの3ヵ国。
※2　**イギリス**：2016年6月イギリスでEU離脱の是非を問う国民投票が行われた結果、離脱派が残留派を得票数で上回った。

第7章 現代世界　　127

パレスチナ問題①
イスラエルの建国

パレスチナでは**1948年のイスラエル建国が発端**となり、周辺のアラブ諸国との間に中東戦争を引き起こし、パレスチナ難民などの問題を生み出しました。現在イスラエルはパレスチナ人に暫定的な自治を与えていますが、占領地への入植継続やパレスチナ人を分断する壁の建設などの圧迫を加え、抵抗運動を引き起こしています。

イスラエルの占領地拡大と保持がパレスチナ難民を生む

イギリスは第一次世界大戦中、オスマン帝国との戦争を有利にするため、ユダヤ人やアラブ人それぞれに都合のいい約束をして支援を取り付けようとしました。ユダヤ人にはバルフォア宣言で、パレスチナにユダヤ人国家を樹立することを約束、戦後周辺地域がイギリス委任統治領となると、ユダヤ人が入植を始めます。さらに第二次世界大戦中にはドイツの迫害もあってユダヤ人移住者が激増し、元々の住民であるパレスチナ人との軋轢が高まりました。そのため国連が両者を分けるパレスチナ分割案を出し、それを受け入れたユダヤ人はイスラエルを建国したのです。

イスラエル建国に対しては周辺のアラブ諸国が猛反発し、第一次中東戦争を起こします。この戦争でイスラエルは勝利して独立を守り、さらに領土を増やすことになりますが、パレスチナ人はイスラエル占領地からヨルダン川西岸とガザ地区へと追われ、パレスチナ難民が発生する結果となったのです。

イスラエルは1967年、周辺のアラブ諸国に先制攻撃を行って第三次中東戦争を仕掛け、ガザ地区、ヨルダン川西岸[※1]、シナイ半島[※2]、ゴラン高原[※3]を占領し、領土を広げます。第一次中東戦争以降パレスチナ難民は増え続け、1970年代に入ると反イスラエルを掲げるパレスチナ人の組織が過激なゲリラ活動を行うようになっていったのです。

▼ 1947年のパレスチナ分割案

パレスチナを2つの国に分ける提案

1947年国際連合が分割案を提案します。ユダヤ人はこれを歓迎しますが、パレスチナ人（アラブ人）は強く反発、武装衝突に突入しました。

▼ 第三次中東戦争後のパレスチナ

イスラエルが領土を拡大

パレスチナ人が多く居住するガザ地区とヨルダン川西岸もイスラエルに占領され、第一次中東戦争を上回る数のパレスチナ難民が発生することとなります。

※1 **ガザ地区、ヨルダン川西岸**：第一次中東戦争でエジプト、ヨルダンが占領、第三次中東戦争でイスラエルが占領。パレスチナ人が多く居住する。
※2 **シナイ半島**：1979年イスラエル・エジプト平和条約でエジプトに返還。
※3 **ゴラン高原**：シリア領をイスラエルが占領し、今なお係争中。かつて国連平和維持活動で自衛隊も派遣されていた。

第7章 現代世界 | 129

パレスチナ問題②
ゲリラ活動の激化

1973年に起きた第四次中東戦争で再びイスラエルと戦い、敗れたアラブ諸国でしたが、エジプトだけはイスラエルに対する態度を変化させていきます。1979年エジプトは単独でイスラエルと和解、シナイ半島がエジプトに返還されました。アラブ諸国はエジプトの行動に反発し、以降エジプトはアラブ諸国から孤立していくことになります。

イスラエルとゲリラ組織の終わりのない衝突

イスラエル建国以降手を組んでイスラエルと敵対していたアラブ諸国ですが、1979年エジプトがイスラエルとエジプト＝イスラエル平和条約[※1]を締結したことでアラブ諸国の足並みが乱れることになりました。

増え続けるパレスチナ難民の解放を目的に1960年代に結成されたパレスチナ人の政治組織であるPLO（パレスチナ解放組織）が、第三次中東戦争以降過激なゲリラ活動を行うようになります。1970年代に入るとテロ活動が激化して、PLOを排除しようとする国で内戦が起こるなど、パレスチナ問題の中心がPLOを中心としたゲリラ組織との闘争となりました。1980年代に入ってもパレスチナゲリラ組織とイスラエルの衝突は続きますが、1988年PLOのアラファト議長が国連演説でイスラエル国家の存在を承認し、テロ活動の停止を表明します。

この方向転換が、1990年代の和平交渉につながることになり、1993年イスラエルのラビン首相とPLOのアラファト議長との間でパレスチナ暫定自治協定が結ばれ、翌94年パレスチナ暫定自治政府が成立。しかし、ラビン首相とアラファト議長が相次いで亡くなり、和平に向けての動きが頓挫します。アラファト議長がまとめていたPLOは分裂し、新たに台頭してきた過激派組織ハマスは現在も断続的にイスラエル攻撃を展開、パレスチナ問題は混迷が続いています。

▼ パレスチナ暫定自治協定後のパレスチナ

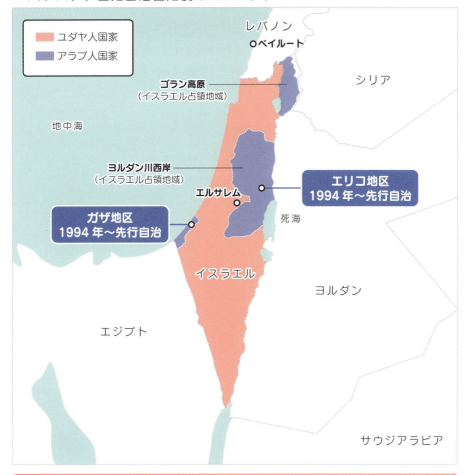

パレスチナ暫定自治協定

イスラエルとパレスチナが共存を目ざし、ガザ地区とヨルダン川西岸のエリコ地区で先行してパレスチナ人による暫定的な自治の実施を開始することを合意した協定。しかし、1999年までにイスラエル軍がこれらの地区から撤兵するという内容は履行されず、2002年にはイスラエル軍による大規模な攻撃が行われ、その後も武力衝突が起こるなど、現在もイスラエルとパレスチナの対立は終わりが見えません。

※1 **エジプト＝イスラエル平和条約**：アメリカのカーター大統領の仲介で、エジプトのサダト大統領とイスラエルのベギン首相の間で調印された平和条約。

イラン・イラク戦争から湾岸戦争まで

現在も政情の定まらないイラクと核兵器の開発問題のあるイランは、1980〜88年イラン・イラク戦争を戦いました。イラクはその後、クウェート侵攻を行ったことで湾岸戦争を招きます。多国籍軍に敗北したイラクはクウェートから撤退、さらに2003年イラク戦争を仕掛けられてフセイン政権が倒されました。

イラクとアメリカ、友好から対立への展開

第二次世界大戦後のイラクは、中東での共産勢力の伸長を止める役割をアメリカから期待されていました。1958年イラク革命でイラクは共和国となり、その後にバース党が勢力を握ると、1979年サダム・フセインが大統領となり独裁を敷きます。一方のイランは、親欧米路線の王政がイラン革命で倒れて1979年イラン・イスラム共和国が成立、反米反ソ連の立場をとりました。イランはイスラム教シーア派の国で、イラクは過半数を占める自国のシーア派住民にイラン革命の影響が及ぶのを防ぐため翌80年イラン・イラク戦争を始めます。中東の覇権を握る可能性のある両国の戦争は1988年まで続き、双方を大いに疲弊させました。この戦争でアメリカやソ連は自国に敵対的なイスラム原理主義のイランを叩くため、イラクを積極的に支援しています。

イラクは8年間もの戦争で抱えた債務を解消するために、1990年クウェートに侵攻しました。これに対して国連安保理が武力行使を決議、欧米諸国を中心に多国籍軍が編成されて翌91年湾岸戦争が起こり、イラクは圧倒的な力の差を前に厳しい条件で停戦を強いられます。さらにイラクには大量破壊兵器保有の疑いがかけられ、アメリカ、イギリスなどが2003年イラク戦争を起こしてイラクを占領しました。現在、各国の派遣部隊は完全撤退していますが、イラク戦争後の混乱は今も続いています。

▼ 1990年代の中東

サダム・フセインの独裁政治

アラブ民族主義政党であるバース党のサダム・フセインは1979年イラク大統領に就任すると、独裁権力を握ります。就任当初に民主化を進めるふりをして国民の支持を得ましたが、徐々に反対派を弾圧する恐怖政治を行うようになりました。2003年イラクに侵攻したアメリカ軍によって拘束され、裁判の結果、シーア派住民大量虐殺における人道に対する罪で死刑判決が下され、2006年処刑されました。

※1　**シーア派**：イスラム教の一派。最大のスンニ派との宗派対立がある。
※2　**イスラム原理主義**：現代の近代化、欧米化の進むイスラム世界に反発し、イスラムの原点への回帰を求める思想。

混乱の続く
アフガニスタン

　19世紀イギリスとロシアの間のグレートゲームの舞台となったアフガニスタンは、その後も大国間の対立、勢力圏争いに翻弄され続けています。1979年のソ連によるアフガニスタン出兵後は共産政権とイスラム勢力との内戦が激化、2001年にはアメリカやイギリスなどによる軍事行動がありました。そして未だに状況は、不安定なままとなっています。

大国の狭間で対立の最前線となったアフガニスタン

　アフガニスタンは、1919年イギリスの保護領から独立、1973年に革命で王政から共和制に変わって親ソ連の立場をとりましたが、そのことで国内に反政府ゲリラが出現し始めます。ソ連はゲリラの活動を抑えて親ソ政権を支えるために軍隊を送り込み、アメリカはソ連に対抗するため、ゲリラに援助を行いました。1989年ソ連は軍隊の長期駐留の経済的負担に耐えかねて、成果を上げることなくアフガニスタンから撤退します。

　後ろ盾を失った親ソ政権は倒れますが、新たに発足したイスラム協会主導の政府も国内をまとめきれず、内戦の混乱のなかからイスラム原理主義勢力のタリバンが台頭して、1996年首都カブールを占領、1999年には国土の9割までを制圧しました。

　2001年アメリカで同時多発テロ事件が起きます。アメリカは事件の首謀者をテロ組織アル・カーイダ[※1]のビン・ラディンと断定し、組織がタリバン政権保護下にあるとして軍事行動を起こしました。タリバン勢力は有志連合軍の空爆に制圧され、反タリバンの北部同盟軍[※2]により駆逐されます。その後、アフガニスタンには国連主導で新政権が樹立されましたが、国内は安定せずにタリバンが勢力を再拡張させ、治安維持支援で同国に入ったアメリカ軍の撤退は現在も延期されています。

▼ 混乱の続くアフガニスタン

アフガニスタンの難民問題

1979年のソ連軍によるアフガニスタン侵攻、それに続く内戦によって、多数のアフガニスタン人が周辺国のイランやパキスタンに流入しました。2001年アメリカ同時多発テロ事件以降のアメリカ軍のアフガニスタンへの軍事行動や、さらに自然災害にも見舞われ、現在もアフガニスタン国内は混乱状態にあり、アフガニスタン人の国外への脱出は後を絶ちません。

※1 **アル・カーイダ**：イスラム原理主義の過激派組織。長であるビン・ラディンは、かつてアフガニスタンの反政府ゲリラに参加しアメリカから支援を得ていた。

※2 **北部同盟軍**：ソ連軍や親ソ政権と戦った反政府ゲリラで、タリバンと敵対した組織の集まり。国内の片隅に追い詰められていたが、有志連合の空爆で息を吹き返した。

21世紀の戦争
テロの脅威

　21世紀最大の脅威はテロといわれ、対テロ戦争や低強度紛争への対応が問われています。昨今で一番関心を集めている **ISIS** はイラク戦争後のテロに関わり、後に **2011年** からのシリア内戦で頭角を表した組織で、一時はイラクの首都バグダード **100km** 圏内に迫るまで勢力を拡大したものの、アメリカやロシアなど各国の空爆を受け勢いを弱めています。

ISISとの終わりの見えない戦い

　ISIS[※1] の前身の組織は、元々アル・カーイダ(→ P134)系列の組織で、2004年にイラクのイスラム国として発足、2006年に ISIS を名乗るようになりました。

　2011年シリアで反政府抗議活動が蜂起に変わり内戦状態になると、ISIS は反政府側として活動を開始します。シリアでの活動は、反政府組織から武器や資金の提供を受けることにより、ISIS を強化させました。その結果、イラクでの活動を一層激化させることになってしまったのです。

　ほかのイスラム過激派組織に類を見ない ISIS の特徴は、現行の国の枠内にとらわれずに、カリフ制[※2]イスラム国家を築こうという目的を掲げていることです。さらに一度でもイスラム教国家が支配した土地はすべてイスラム国のものとみなしています。

　ISIS は、シリアやイラクの油田を押さえて石油を闇市場に流すことで軍資金を獲得、占領地には行政機構を置き、新規構成員のリクルートを世界中から幅広く行うことで人員の調達を行っています。アメリカやロシア、イギリス、フランスなどによる ISIS への空爆は、ISIS の勢力の拡大を止めているようにも見えますが、空爆の報復として2015年パリや2016年ブリュッセルなど、ヨーロッパの都市部でも ISIS によるテロ事件が起き、中東でも支配地域を保持していて、未だ収束の予測がついていません。

▼ 支配地域を広げる ISIS

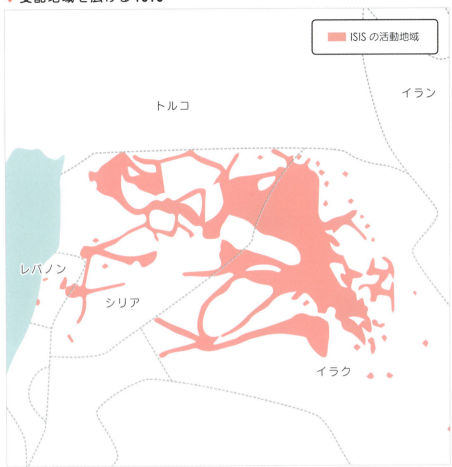

拡大を予告するイスラム国

ISIS はシリア、イラク地域を制圧し、2014年イスラム国家を樹立すると宣言しました。国際社会は独立国家として認めていませんが、ISIS は2020年には東は中国領内から南アジア、中東全域、東欧とスペイン、ポルトガル及びアフリカの北部までが支配領域となることを予告しています。

※1 **ISIS**：イラク・シリア（元々はシャーム）のイスラム国の略称。
※2 **カリフ制**：13世紀に廃絶した、イスラム共同体を政治と宗教の両面で率いる最高権威者のこと。

第7章 現代世界　　137

東南アジア①
独立運動

第二次世界大戦で日本と交戦状態になった欧米諸国の東南アジア植民地は、軒並み日本軍の侵攻を受け、宗主国は追い出されました。戦後現地に返り咲いた宗主国はかつてのような支配力を持つことはできず、第一次世界大戦以降の民族自決の気運もあって東南アジアの植民地の独立は不可避となったのです。

共産主義勢力の支援を得たベトナム

東南アジアの国々で最初に独立を果たしたのは、1946年のフィリピンです。イギリスからは、1948年ビルマ（現ミャンマー）、1957年マラヤ連邦（現在のマレーシア、シンガポール）が独立しました。第二次世界大戦終結後すぐに独立宣言をし、建国の五原則[※1]で島々をまとめたインドネシアは、オランダ相手の独立戦争に勝利して1949年に独立を達成します。

ほかの東南アジア地域が比較的すんなりと独立を決めるのに対し、フランス領インドシナは事情が違いました。ホー・チ・ミン率いるベトナム共産党は、戦争末期にベトナムの反日運動を懐柔しようと日本が建てた傀儡政権を日本降伏後に追い出し、ベトナム民主共和国の独立を宣言します。しかし、フランスは独立を認めずインドシナ戦争が起こり、共産圏の拡大を恐れるアメリカがフランスを支援しますが、ベトナム側はソ連、中国の支援を得てフランス軍を破り、1954年ジュネーヴ協定が締結されました。ジュネーヴ協定の取り決めでフランスがインドシナ半島全域から撤退することで、カンボジア、ラオスも独立します。さらにフランスがインドシナ戦争中に北緯17度線以南に建てていた傀儡政権もなくし、2年後にベトナム全域による統一選挙が行われることが決まりました。しかしこの後、ジュネーヴ協定の最終宣言に参加しなかったアメリカがフランスに変わってベトナムへの干渉を強めます。

▼ 東南アジアの国々

独立した年	国　名	相手国
1946年	フィリピン	アメリカ
1948年	ビルマ（現ミャンマー）	イギリス
1949年	インドネシア	オランダ
1949年	ラオス	フランス
1954年	カンボジア	フランス
1957年	マラヤ連邦 （現マレーシア・シンガポール）	イギリス
1984年	ブルネイ	イギリス

※1 **建国の五原則**：信仰、人道主義、民族主義、民主主義、社会主義。

東南アジア②
ベトナム戦争

　10年以上続くベトナム戦争は、途中で介入してきたアメリカに容赦のない攻撃を受けつつも北ベトナムが制して、1976年ベトナム社会主義共和国が成立しました。その後のベトナムは、カンボジア侵攻や中国との紛争など戦争情勢が続き、経済状況が悪化しますが、1986年にドイモイ（刷新）政策と呼ばれる国内改革を打ち出し、現在経済は回復に向かっています。

アメリカの介入を排除して南北を統一

　1955年「反共の砦」としてアメリカによって建てられたベトナム共和国（南ベトナム）では、南ベトナム解放民族戦線が反政府ゲリラ活動を始めます。共産主義の拡大を恐れ反共政権の南ベトナム政府を樹立したアメリカは、軍事顧問を送るなどして南ベトナムの支援にあたりました。しかし、政情不安は続き、1965年から73年にかけて軍隊を送り込んで、直接介入するようになります。北ベトナムには同じ社会主義国のソ連と中国が支援に回っていましたが、中ソの関係悪化を受けての1972年米中接近の後、中国の支援はなくなりました。しかし、国内外の反戦運動を受けてアメリカは、1973年パリ和平協定で南ベトナムから撤退、支援を失った南ベトナムを北ベトナムが吸収して1976年ベトナムは統一されます。

未だ警戒が続く中国との関係

　統一後、ベトナムは1979年カンボジア侵攻を行い、親中のポル・ポト政権を排除してヘン・サムリン政権を樹立します。そのため、中国の怒りを買って同年中国軍の侵攻を招きました（→P118）。この侵略は退けたものの、1988年に南沙諸島で起きた戦闘では完敗。それ以降、南シナ海では中国に主導権を握られ続けています。

140

▼ ジュネーヴ協定による軍事境界線

拘束力のなかったジュネーヴ休戦協定

1946～54年のインドシナ戦争は、ベトナムがフランスからの独立をめざす戦いでした。1954年ジュネーヴ会議でジュネーヴ協定が成立（→P138）、北緯17度線を暫定軍事境界線として停戦し、北ベトナムとフランスがつくった南ベトナムの統一は2年後に総選挙で決定することが約束されましたが、アメリカがジュネーヴ協定にもとづくことなくベトナム共和国（南ベトナム）を建てたことにより選挙が実施されることはありませんでした。

※1 **南ベトナム解放民族戦線**：北ベトナムの支援を受けて南ベトナム内に結成された、南ベトナム政府に不満を持つ人たちの組織。

東南アジア③
進化する経済統合

　冷戦時代はベトナム以外の東南アジア各国でも、アメリカとソ連による自陣営への綱引きや、国内の親米派と親中・親ソ派のどちらが主導権を握るかの争いが発生していました。そうしたなかで誕生した東南アジア諸国連合（ASEAN）は、かつてのイデオロギー的な対立を乗り越えて、今日では地域の協力機構として機能するようになっています。

潜在力を秘めたASEAN諸国

　植民地の立場から独立を果たした東南アジア諸国の内、インドネシアでは中国と接近していた初代のスカルノ大統領が反米色を強め、1965年国連を脱退します。しかし、軍部とスカルノ大統領を支持するインドネシア共産党とのバランスを保てずに同年クーデターが起こり、大統領は失脚。軍部のスハルトが大統領となり、親米路線をとりました。そして1967年同様の親米路線をとるマレーシア、フィリピン、タイ、シンガポールと地域で協力し合うためにバンコク宣言で結成されたのが、ASEANです。

　このASEANには現在、ブルネイ、ベトナム、カンボジア、ラオス、ミャンマーも加えて計10ヵ国が加盟しています。結成当初は共産主義拡大への防波堤という性格を持っていたASEANですが、冷戦終了以降は東南アジアという地域の結びつきを重視した機構になりました。近年のASEAN加盟国の経済成長は目覚しく、世界に強い影響力を持つようになることが予想されています。

　東南アジアは、今や成長著しい地域大国である中国とインドに挟まれています。これまで、緩やかな協力関係でしかなかったASEANですが、両国の台頭や1990年代後半からのアジア通貨危機[※1]などの国際情勢を受け、政治、経済、文化のすべての面でより強力な協力体制を構築するために、2015年ASEAN共同体[※2]が発足しました。今後、地域のさらなる発展が期待されます。

142

▼ ASEAN加盟国

加盟年	地図表示色	国　名
1967年		タイ　シンガポール　インドネシア　フィリピン　マレーシア
1984年		ブルネイ
1995年		ベトナム
1997年		ラオス　ミャンマー
1999年		カンボジア

※1　**アジア通貨危機**：1997年のタイ通貨暴落を皮切りに、インドネシアや韓国などのアジア諸国に波及した経済危機。
※2　**ASEAN共同体**：経済共同体（AEC）、政治安全保障共同体（APSC）、社会文化共同体（ASCC）という3つの柱からなる。

インドの独立と
パキスタンの誕生

　ともに核兵器を持ち、対立しているインドとパキスタンは、イギリスの植民地時代から対立が始まり、独立の際に宗教により別々に分かれて国家を建設しました。分離独立の際に帰属が問題になったカシミール地方をめぐる争いや、バングラデシュ独立問題など、インドとパキスタンの間には今までに複数回の紛争が起きています。

信仰の違いから別々に独立

　インドの独立運動には統一インドを主張する国民会議派とイスラム教徒だけで独立しようとする全インド・ムスリム連盟がありました。最終的にインドはヒンドゥー教の多いインドとイスラム教徒だけの国のパキスタンとに分かれて独立することになります。

　独立の際、植民地時代も残されていた藩王国[※1]の帰属を藩王に一任した結果、住民の9割がイスラム教徒のカシミール地方で、ヒンドゥー教の藩王がインドへの帰属を選ぶという事態が起きます。そのため、インドとパキスタンは独立早々にカシミール地方をめぐって衝突しました。結果、カシミールは停戦ラインで分割され、さらに両国でそれぞれ少数派となり弾圧されるのを恐れた人々が難民化するなど、両国の溝は深まっていきます。

　1971年には飛び地となっていた東パキスタンが、バングラデシュとしてパキスタンから独立しました。このとき、インドはバングラデシュ独立を支援して、独立を妨げようとするパキスタン軍を破っています。

　以降インドとパキスタンとの溝はいっそう深まり、1974年インドが核兵器を保有するとパキスタンも核開発に着手し、1998年には核保有国となりました。2008年に起こったインド同時多発テロの背後にはパキスタンの影[※2]もささやかれています。

144

▼ 南アジアの分離独立

インド＝パキスタン戦争	
第一次 1947年〜49年	カシミール地方をめぐる争い。国際連合が調停に乗り出し、停戦ラインが設定される
第二次 1965年	カシミール地方のパキスタンとインドの国境での武力衝突
第三次 1971年	東パキスタンの独立運動をパキスタンは弾圧、インドは支援した。東パキスタンはバングラデシュとして独立を果たす

※1 **藩王国**：ムガル帝国内の封建領主が治める領土。植民地時代も内政権を保持していた。
※2 **パキスタンの影**：パキスタン情報部や軍は複数のイスラム原理主義グループを支援しており、アフガニスタンのタリバンも最初はパキスタン領内で育成された。

第7章 現代世界 | 145

アフリカ諸国の独立

　第二次大戦後ヨーロッパの没落は、アフリカの植民地の独立も後押しする形となり、1950年代北アフリカ諸国で独立が始まりました。1960年代にはサハラ以南のアフリカでも独立が相次ぎ、特に1960年には17ヵ国が独立し「アフリカの年」といわれています。また植民者が中心となって独立を果たした国では、革命や分離独立運動も起きました。

問題を抱えて独立したアフリカ諸国

　アフリカでは、1950年代にモロッコ、リビア、スーダンなどが独立しました。フランス領アルジェリアでも独立運動が起きましたが、フランスは独立を認めず、1954年民族解放戦線の蜂起後10年近くアルジェリア独立戦争が続きます。50年代後半には、サハラ以南でもギニア、ガーナと黒人の国家が誕生しました。続く1960年代にはナイジェリアやソマリアなどのアフリカ国家が続々と独立しますが、ナイジェリアでは現地の民族や言語・文化の境界を反映せずに植民地時代の境界線をそのまま受け継いだことが原因で、1967年ビアフラ戦争が勃発。コンゴでも同様の理由でコンゴ動乱が起きています。また、独立しても旧宗主国に経済的に従属し続ける状況が多々見られるなど、植民地時代の弊害が未だ尾を引いています。

　1975年すべての植民地が独立を果たすと、次に起きたのは少数の白人が支配する国家からの独立です。南アフリカは人種差別政策（アパルトヘイト[※1]）を敷いていましたが、国内の反対運動や隣国ローデシアでの黒人政権の誕生、ナミビアの分離独立を経て、1991年アパルトヘイトは廃止されました。

　1963年アフリカ諸国の協力機構としてアフリカ統一機構（OAU）が設立されます。国境紛争の調停などを行ってきたOAUは2002年にEU（→P126）をモデルとしたアフリカ連合（AU）へと発展、政治・経済の統一を目指しています。

▼アフリカ大陸の独立

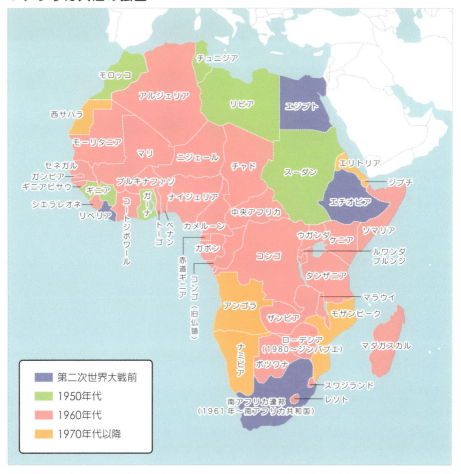

「アフリカの年」に17ヵ国が独立

1960年フランスのシャルル・ド・ゴール大統領がアフリカの植民地13ヵ国の独立を認めたことをはじめ、アフリカ大陸で一気に17ヵ国が植民地からの独立を達成しました。この年、国際連合では有色人種の国家の数が白人国家の数を上回り、「植民地解放宣言」が採択されています。独立を果たしたとはいえ、アフリカ諸国はヨーロッパに支配よる分割で国境線が引かれているため、独立以降に部族間の抗争による大規模な内乱が起こっている国も多くあるのです。

※1　**アパルトヘイト**：南アフリカ共和国の人口の約2割の白人支配者層による有色人種に対する人種差別で、有色人種は居住地区を定められ、参政権も認められていなかった。

column 地政学の基礎知識

ハウスホーファーの パン・リージョン理論

　カール・E・ハウスホーファー（1869〜1946）はドイツの地政学者で、1908〜10年にドイツ大使館の武官として日本に滞在していました。駐在期間に起きた日韓併合や対米政策を見てハウスホーファーは、日本の外交政策の巧みさに興味を持ち、帰国後には次々と著書で日本を紹介しています。

　当時のドイツは、ヴェルサイユ条約によってシーパワーの道を閉ざされていました。ハウスホーファーはマッキンダーのハートランド理論（→P48）を参考に、ドイツとロシアが手を結ぶことで全世界を支配できると主張、さらに、パン・リージョン理論を提唱します。これは世界を4つの地域に分けてそれぞれをアメリカ、ドイツ、ロシア、日本が支配するという理論で、4つの地域の勢力均衡が成り立つことで平和秩序が保たれると考え、それを取りまとめるのがランドパワーとシーパワーを持ち合わせるドイツであるというものでした。

　ハウスホーファーの主張はヒトラーには受け入れられず、第二次世界大戦でソ連はドイツの敵国となります。結果、ドイツは敗戦国となり東西に分割されてしまいました。

▼『太平洋の地政学』表紙

▼太平洋防衛図

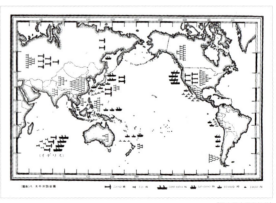

（国立国会図書館蔵）

148

付　録

世界地図の見方

地図の種類と選び方

地球はボールのような丸い形をしています。これを平面に表わすと、どこかに歪みが生じてしまいます。距離・角度・面積、すべてを正確に表わすのは不可能です。そのため、世界地図はそれぞれの目的によって描き方が工夫されています。

正距方位図法

図の中心からの方位と距離を正しく表しています。飛行機の最短航路を見るために使われます。円形のなかに全世界を表わすことができますが、外側は極端に拡大されます。

(「どこでも方位図法」(株)オンターゲット /CC BY-SA 4.0)

モルワイデ図法

面積が正しく表わされている図法です。正しい方角を読み取ることはできませんが、国の面積を比較するのに使いやすいので、主に分布図や密度図で使われます。

150

メルカトル図法

地球表面のすべての部分の角度が正しく表されているので、船の航海に使われます。赤道と極の長さが同じになってしまうため、高緯度になるにつれ、海や陸の面積が大きく広がってしまいます。

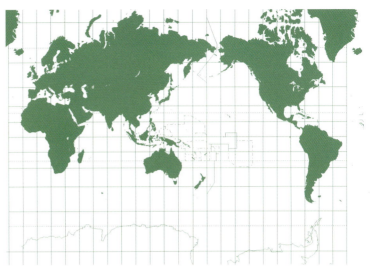

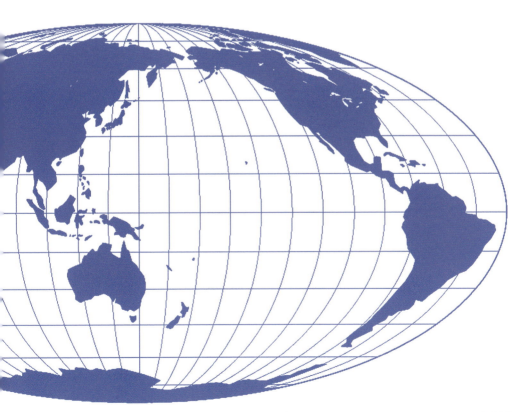

付録　世界地図の見方 | 151

地図の種類と選び方

ミラー図法

メルカトル図法で高緯度になるにつれ面積が拡大されすぎてしまう点を改良した図法です。身近で目にする世界地図の多くがこの図法で書かれています。方角は正確ではありません。

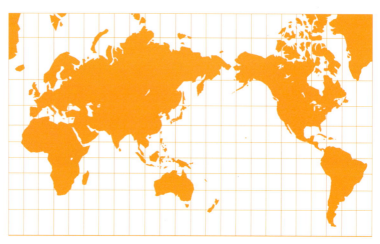

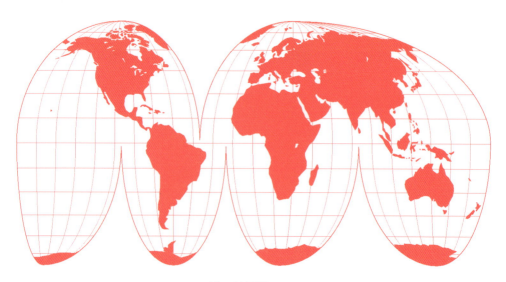

グード図法

低緯度でひずみの小さい図法と高緯度でひずみの小さい図法を組み合わせ、海洋部分に断裂を入れた図法です。赤道付近はモルワイデ図法が使われています。面積が正確です。

ボンヌ図法

緯線と経線とが正確な間隔で表わされています。また、緯線は正しい長さの同心円で表されています。中緯度付近の狭い地域を示すのに適しています。

舟型多円錐図法

経度30度ごとの12の舟底型を並べた図法です。切り取って球体に貼り付ければ、地球儀になります。

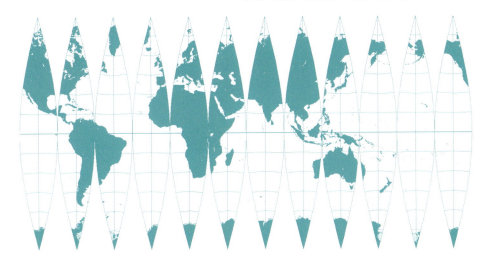

中心点を変えて
世界を見てみよう

　私たちが普段見慣れている世界地図は、日本を中心に置いたものがほとんどです。中心点の場所を変えて見てみると、世界がまったく違った印象に見えてきます。位置によって、中心にある国がほかの国々に取り囲まれているように見えたり、周りの海がとても広く感じたり、さまざまな地理的条件も見えてきます。

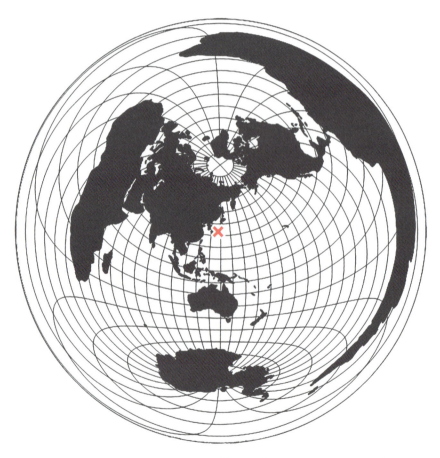

中心点 ➡ 東京

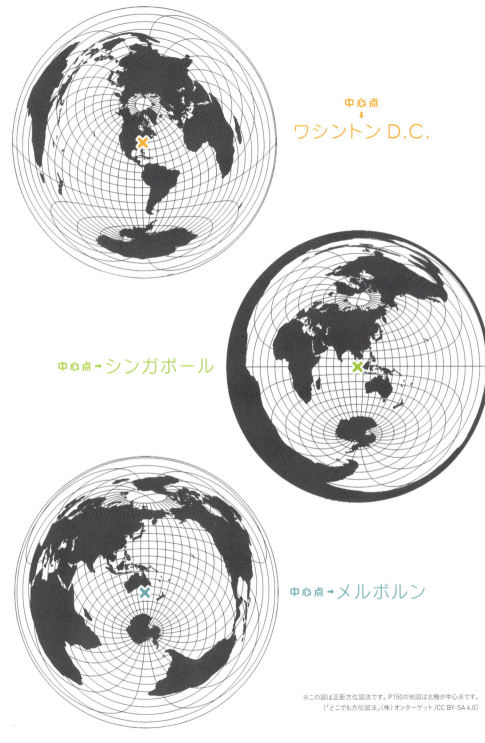

大陸から見た日本

『環日本海・東アジア諸国図(通称:「逆さ地図」)』

地図の多くは北を上にして描かれています。この地図は見慣れた地図を回転したものです。大陸から日本を見ることで、日本とその周辺諸国の領土問題がいっそう複雑に感じられます。

この地図は富山県が作成した地図を転載したものである。(平24情使第238号)

参 考 文 献

荒巻豊志『新世界史の見取り図 上巻』 ナガセ、2010

荒巻豊志『新世界史の見取り図 中巻』 ナガセ、2010

荒巻豊志『新世界史の見取り図 下巻』 ナガセ、2011

木下康彦・木村靖二・吉田寅編『詳説 世界史研究』 山川出版社、1995

「世界の歴史」編集員会編『もういちど読む山川世界史』 山川出版社、2009

五味文彦・鳥海靖編『もういちど読む山川日本史』 山川出版社、2009

村岡健次・木畑洋一編『世界歴史大系 イギリス史 3 近現代』 山川出版社、1991

今井宏『ヒストリカルガイド イギリス』 山川出版社、2000

亀井高孝・林健太郎・堀米庸三・三上次男編『世界史年表・地図』 吉川弘文館、1995

和田春樹『地域からの世界史 11 ロシア・ソ連』 朝日新聞社、1993

佐藤彰一・松村赳『地域からの世界史 14 西ヨーロッパ 上』 朝日新聞社、1992

松村赳・西川正雄・山口定『地域からの世界史 14 西ヨーロッパ 下』 朝日新聞社、1993

猿谷要『地域からの世界史 15 北アメリカ』 朝日新聞社、1992

大井邦明・加茂雄三『地域からの世界史 16 ラテン・アメリカ』 朝日新聞社、1992

大江一道『地域からの世界史18 日本』 朝日新聞社、1993

栗生沢猛夫『図説ロシアの歴史』 河出書房新社、2010

武光誠『世界地図から歴史を読む方法』 河出書房新社、2001

阿部齊・久保文明・加藤普章『国際情勢ベーシックシリーズ8 北アメリカ』
自由国民社、2005

谷川稔・渡辺和行編著『近代フランスの歴史』 ミネルヴァ書房、2006

鈴木旭著 加来耕三監修『面白いほどよくわかる日本史』 日本文芸社、
2001

曽村保信『地政学入門』 中公新書、1984

ニコラス・J・スパイクマン著 奥山真司訳『平和の地政学』 芙蓉書房出版、
2008

麻田貞雄編・訳『マハン海上権力論集』 講談社学術文庫、2010

石津朋之『大戦略（グランド・ストラテジー）の哲人たち』 日本経済新聞出版
社、2013

島崎晋『マンガでわかるイギリスの歴史』 誠文堂新光社、2015

シリル・P・クタンセ著 樺山紘一日本語監修 大塚宏子訳『ヴィジュアル版
海から見た世界史 海洋国家の地政学』 原書房、2016

159

荒巻豊志

1964年福岡県生まれ。1988年東京学芸大学卒業、1990年松下政経塾卒塾。現在、東進ハイスクールで「東大世界史」を担当している。趣味はドラム演奏。著書に『攻める世界史 現代史』（増進会出版社）『荒巻の世界史の見取り図』（ナガセ）がある。

編　　集	丸山美紀（アート・サプライ）
編集協力	吉村次郎
デザイン・DTP	榎本美香（pink vespa design）
	山﨑恵（アート・サプライ）

図解でよくわかる地政学のきほん
新聞・テレビではわからない国際情勢、世界の歴史、
グローバリズムがすっきり見えてくる

NDC319

2016年8月11日　発　行

監修者	荒巻豊志
発行者	小川雄一
発行所	株式会社 誠文堂新光社
	〒113-0033 東京都文京区本郷3-3-11
	（編集）電話 03-5800-5779
	（販売）電話 03-5800-5780
	http://www.seibundo-shinkosha.net/
印刷所	広研印刷 株式会社
製本所	和光堂 株式会社

©2016,Seibundo Shinkosha Publishing Co., Ltd.　　　　　　　　　　　　　　Printed in Japan

検印省略

本書掲載記事の無断転用を禁じます。
万一乱丁・落丁本の場合はお取り替えいたします。

本書のコピー、スキャン、デジタル化等の無断複製は、著作権法上での例外を除き、禁じられています。本書を代行業者等の第三者に依頼してスキャンやデジタル化することは、たとえ個人や家庭内での利用であっても著作権法上認められません。

図〈日本複製権センター委託出版物〉
本書の全部または一部を無断で複写複製（コピー）することは、著作権法上での例外を除き、禁じられています。本書からの複写を希望される場合は、日本複製権センター（JRRC）の許諾を受けてください。
JRRC（http://www.jrrc.or.jp/　E-Mail：jrrc_info@jrrc.or.jp　電話：03-3401-2382）
ISBN978-4-416-61629-1